高等职业教育智能网联汽车技术专业教材

智能网联汽车智能座舱系统
Zhineng Wanglian Qiche Zhineng Zuocang Xitong

厦门金龙联合汽车工业有限公司　组织编写
北京汇智慧众汽车技术研究院

王　峰　吴海东　刘　海　主　编
敖　亚　杨树启　副主编

人民交通出版社股份有限公司
北京

内 容 提 要

本书是高等职业教育智能网联汽车技术专业教材。全书分为四个模块,主要内容有:智能座舱概述、智能座舱的子系统、智能座舱关键模块与核心技术、智能座舱调试与测试。

本书可作为高职高专院校智能网联汽车技术专业的教学用书,也可作为从事汽车智能技术、智能网联汽车专业相关技术人员的培训教材。

图书在版编目(CIP)数据

智能网联汽车智能座舱系统/王峰,吴海东,刘海主编.—北京:人民交通出版社股份有限公司,2023.2
ISBN 978-7-114-18554-0

Ⅰ.①智… Ⅱ.①王… ②吴… ③刘… Ⅲ.①汽车—智能通信网—座舱 Ⅳ.①U463.83

中国版本图书馆 CIP 数据核字(2022)第 256287 号

书 名:	智能网联汽车智能座舱系统
著 作 者:	王 峰 吴海东 刘 海
责任编辑:	张一梅
责任校对:	孙国靖 卢 弦
责任印制:	张 凯
出版发行:	人民交通出版社股份有限公司
地 址:	(100011)北京市朝阳区安定门外外馆斜街 3 号
网 址:	http://www.ccpcl.com.cn
销售电话:	(010)59757973
总 经 销:	人民交通出版社股份有限公司发行部
经 销:	各地新华书店
印 刷:	北京市密东印刷有限公司
开 本:	787×1092 1/16
印 张:	8.75
字 数:	196 千
版 次:	2023 年 2 月 第 1 版
印 次:	2023 年 2 月 第 1 次印刷
书 号:	ISBN 978-7-114-18554-0
定 价:	39.00 元

(有印刷、装订质量问题的图书,由本公司负责调换)

前言 | PREFACE

近年来,全球新一轮的科技革命和产业变革加速演进,新一代信息技术及其深度应用已经推动人类社会步入新的发展阶段,智能经济蓬勃发展,对经济社会发展影响深远。汽车技术的发展日新月异,电动化、网联化、智能化、共享化成为汽车产业发展潮流和趋势。目前,我国汽车产业迅速发展,自主品牌市场份额逐年提高,关键零部件供给能力明显增强,新能源汽车产业体系日渐完善,电池、电机、电控系统及整车具有较强的国际竞争力,这为智能汽车的发展奠定了坚实的基础。2015年5月,国务院印发《中国制造2025》,汽车被列入"十大重点领域","智能网联汽车"首次在国家政策层面正式提出。2019年9月,中共中央、国务院印发《交通强国建设纲要》,提出加强智能网联汽车(智能汽车、自动驾驶、车路协同)研发,形成自主可控完整的产业链。国家发展和改革委员会、工业和信息化部等11个部门联合发布《智能汽车创新发展战略》,提出到2025年,实现有条件自动驾驶的智能汽车达到规模化生产,实现高度自动驾驶的智能汽车在特定环境下市场化应用。2021年2月,国务院印发《国家综合立体交通网规划纲要》,提出推进智能网联汽车(智能汽车、自动驾驶、车路协同)应用,推动智能网联汽车与智慧城市协同发展。在政策、技术与市场等多重因素的影响下,汽车产业作为国民经济的重要支撑产业,与能源、交通、信息通信等领域有关技术加速融合,正朝着网联化、智能化进程加速推进。智能网联汽车技术的发展已进入快车道。然而,目前国内高职院校汽车专业人才培养供给难以满足智能网联汽车产业发展需求。

2021年4月,中国汽车工程学会、国家智能网联汽车创新中心发布了全国职业院校《智能网联汽车专业建设白皮书(2021版)》,为职业院校智能网联汽车技术专业建设提供了思路。为了抓住汽车产业智能化发展战略机遇,满足行业对智能网联汽车技术专业人才的需求,加快推进智能汽车技术创新发展,人民交通出版社股份有限公司组织相关院校教师与企业专家共同开发了高等职业教育智能网联汽车技术专业教材。本套教材具有以下特点:

1. 以爱党、爱国、爱社会主义、爱人民、爱集体为主线,围绕政治认同、家国情怀、文化素养、宪法法治意识、道德修养等因素,深入挖掘教材内容中蕴含的思政资源,提炼并利用教材思政元素,寓价值观引导于知识传授和能力培养之中,帮助学生树立正确的世界观、人生观、价值观,实现全员全程全方位育人。

2. 立足先进的职业教育理念,紧跟汽车新技术的发展步伐,结合智能网联汽车技术专业的人才培养模式和课程体系设置等进行教材内容设置,及时反映产业升级和行业发展需求,体现新知识、新技术、新工艺、新方法、新材料。

3. 以就业为导向,以职业能力培养为核心,注重学生实践应用能力的培养和技能的提升,使学生培养过程实现"理实一体",旨在为行业培养高素质的智能网联汽车技术技能人才。

4. 教材呈现形式立体化,借助现代信息技术,科学整合多媒体、多形态、多层次的教学资源,教材的知识点以二维码链接数字资源,满足学生个性化学习的需求,提升教材使用体验。

《智能网联汽车智能座舱系统》是本系列教材之一。全书由西南林业大学机械与交通学院王峰、广东轻工职业技术学院吴海东、威盛电子(上海)有限公司刘海任主编,贵州轻工职业技术学院敖亚、德宏职业学院杨树启任副主编。教材编写分工为:敖亚编写模块一,王峰编写模块二,吴海东编写模块三,刘海、杨树启编写模块四。参与编写的还有郑州职业技术学院范振山、曲靖职业技术学院资庆峰、云南现代职业技术学院刘琳等。在教材编写过程中得到了厦门金龙联合汽车工业有限公司、北京汇智慧众汽车技术研究院、成都融畅易和科技有限公司和威盛电子(上海)有限公司的大力支持,力主把此教材打造成为校企合作、"岗课赛证"的示范性教材,在此表示衷心的感谢。作者在编写过程中,引用了一些网上资料和相关文献的内容,特向其作者表示诚挚的谢意。

智能网联汽车技术是一个新专业,涉及的新技术较多,限于作者水平,书中难免出现疏漏或错误之处,恳请读者给予指正。

作　者

2022 年 9 月

目录 | CONTENTS

模块一　智能座舱概述 ·· 1
　　一、智能座舱的定义、构成及作用 ··· 1
　　二、智能座舱的发展 ··· 5
　　三、智能座舱技术架构 ··· 6
　　四、智能座舱开发流程简介 ··· 8
　　五、智能座舱的子系统与系统测试简介 ··· 9
　　拓展阅读 ·· 12
　　技能实训 ·· 14
　　思考与练习 ··· 15

模块二　智能座舱的子系统 ··· 17
　　一、车载信息娱乐系统 ·· 17
　　二、抬头显示系统 ·· 23
　　三、座舱安全舒适系统 ·· 31
　　四、车载声学系统 ·· 46
　　拓展阅读 ·· 52
　　技能实训 ·· 54
　　思考与练习 ··· 57

模块三　智能座舱关键模块与核心技术 ·· 59
　　一、智能座舱核心架构 ·· 59
　　二、T-Box ·· 63
　　三、域控制器 ·· 67
　　四、智能网关与车载以太网 ··· 77
　　五、交互技术 ·· 81
　　拓展阅读 ·· 95
　　技能实训 ·· 95
　　思考与练习 ··· 98

1

模块四　智能座舱调试与测试 ······ 101

　　一、智能座舱的手动验证测试 ······ 101
　　二、智能座舱的自动验证测试 ······ 103
　　三、车载以太网调试与测试 ······ 104
　　四、语音交互系统测试 ······ 108
　　五、智能座舱全景环视系统调试与测试 ······ 110
　　六、DMS 的调试及测试 ······ 113
　　拓展阅读 ······ 121
　　技能实训 ······ 122
　　思考与练习 ······ 131

参考文献 ······ 133

模块一 智能座舱概述

 **学习目标**

▶ **知识目标**

1. 描述智能座舱发展现状与技术趋势;
2. 解释智能座舱的概念;
3. 列举智能座舱的类型和功能;
4. 复述智能座舱的开发流程。

▶ **技能目标**

1. 能够识别智能座舱的各子系统;
2. 能够熟练掌握智能座舱的基本功能。

▶ **素养目标**

1. 养成查阅资料、勤于思考、联系实际的习惯,增强学习能力;
2. 培养深入研究、勇于创新的精神。

建议课时

4 课时

 智能座舱的定义、构成及作用

1. 智能座舱的定义

汽车座舱即汽车内驾乘空间,随着互联网、大数据和人工智能等先进技术在交通运输领域的应用与发展,汽车的内部空间、人机界面、操作方式和交互过程正在发生革命性的变化,智能座舱应运而生。

智能座舱

智能座舱是指配备了智能化和网联化的车载产品(图1-1),从而可以与人、路、车本身进行智能交互的座舱,是人-车关系从工具向伙伴演进的重要纽带和关键节点。更通俗地说,智能座舱就是对汽车内部的乘坐空间进行改造,使得驾驶和乘坐体验能够更加舒适和智能。目前,对于智能座舱的定义主要有广义和狭义两种。

广义的智能座舱,是指所有与驾乘人员相关、能结合云端大数据和车辆自身数据,与驾乘人员智能交互的载体,如座椅、氛围灯、车载信息娱乐系统(In-Vehicle Infotainment,IVI)。

其座舱内部的传感器、外部信息以及驾乘人员的个性化信息的获取与融合计算是关键,最终目的是实现汽车与驾乘人员良好的"沟通"。目前,双屏交互、智能语音、车联网、空中下载技术(Over-the-Air Technology,OTA)是市场主流智能座舱的基本配置。

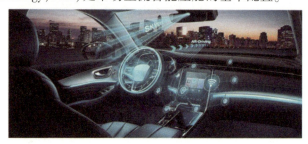

图1-1 智能座舱

狭义的智能座舱,范围会小一些,是基于视觉和语音等与驾乘人员交互的各种显示屏载体,包括IVI、仪表和平视显示器(Head Up Display,HUD,又称抬头显示)、生物识别等。它们与驾驶人员相关性更大。

2. 智能座舱的构成

智能座舱涉及的软硬件数量众多、类型繁杂、边界相对模糊,大致包括座舱芯片、操作系统、中间件、应用、人机交互窗口等。但目前业内多数企业对智能座舱的认知属于更为狭义,认为只要有人机接口(Human Machine Interface,HMI)进行人机交互的屏幕就是智能座舱。但也有更多的业内人士认为智能座舱是对于座舱智能化发展程度的一种判定,只要同时具备中控台彩色大屏、OTA升级以及智能语音识别系统三个条件的座舱就能够被定义为智能座舱。因此,汽车智能座舱通常被更多地错误等同为车载信息系统,即其由全液晶仪表、中控平台、智能音响、信息显示屏、车联网模块、HUD、智能电子后视镜以及远程信息处理系统等组成。其中,中控平台、全液晶仪表、后座娱乐、抬头显示(HUD)是座舱电子系统的主要部分(图1-2)。

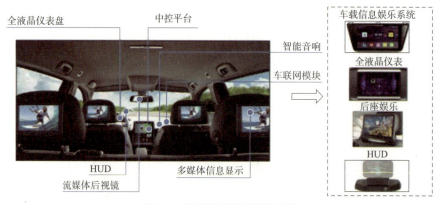

图1-2 狭义的智能座舱结构组成

如图1-3所示,从技术角度,汽车智能座舱通常也分为"三纵三横"。"三纵"为软件、人机交互技术和硬件;"三横"为驾驶舱系统、信息娱乐系统和其他系统,即主要由软硬件和人机交互技术构成。硬件包括全液晶仪表盘、HUD、中控平台、信息显示屏、智能电子后视镜、麦克风、扬声器和智能座椅等;软件包括操作系统、中间件等;人机交互技术包括语音识别、触控识别、人脸识别、生物识别等技术。

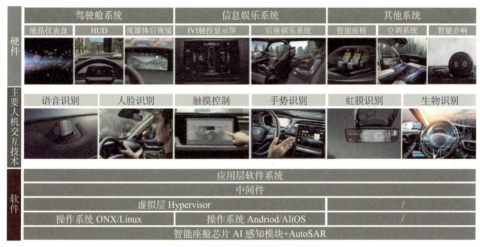

图1-3 汽车智能座舱技术结构图

智能座舱未来形态是"智能移动空间"。在5G(第五代移动通信技术)和车联网高度普及的前提下,汽车座舱将摆脱"驾驶"这一单一场景,逐渐进化成集"家居、娱乐、工作、社交"为一体的智能空间,是集硬件、软件为一体的系统。从系统所能实现功能来看,目前的智能座舱系统可实现人机共驾,其包括车载娱乐系统、车载信息显示系统、辅助驾驶安全系统、智能座椅等舒适系统和其他系统,其相互交叉融合。从基于控制域电子系统架构来看,目前智能座舱系统的呈现能力主要是以两个控制域来进行分割的,其一是仅绑定于智能驾驶系统的信息安全域,其二是绑定于智能交互端的娱乐信息域(图1-4)。从基于技术实现手段来看,智能座舱系统结构如图1-5所示,由四层模型构成。其中,底层是硬件层,包含摄像头、麦克风阵列、内嵌式存储器(磁盘)EMMC、内存DDR等;第二层是平台功能软件层,包含操作驾驶域系统驱动(Linux/黑莓QNX Drive)与座舱域系统驱动(Android Drive\SPI);第三层是系统功能软件层,包含与智能驾驶公用部分的感知软件、控制模型、决策中心、HB服务;顶层是服务层,包含启用摄像头的人脸识别、自动语音识别、数据服务、场景网关、账号鉴权等。

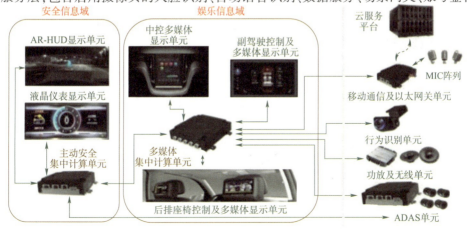

图1-4 智能座舱系统的电子系统架构

图 1-5 智能座舱系统结构

3. 智能座舱的作用

与智能驾驶类似,智能座舱的整体能力包含感知、呈现、处理决策的能力(图 1-6)。

其中,独立感知层的形成,使得车辆具备了"感知"人、"理解"人的能力。这种独立感知层,能够拿到足够的感知数据,如车内视觉(光学)、语音(声学)以及转向盘、制动踏板、加速踏板、挡位、安全带等数据,利用生物识别技术(车舱内主要是人脸识别、声音识别)来综合判断驾驶人(或其他乘员)的生理状态(人像、脸部特征等)和行为状态(驾驶行为、声音、肢体行为),使车充分"理解"人。呈现能力主要包含氛围灯、智能电子后视镜、增强现实抬头显示以及智能座椅等;处理能力主要涉及座舱域控制器(或分子域控制器)。因此,智能座舱的作用体现在以下三个方面:

(1)对车智能:车载芯片和系统对控制器域网(Controller Area Network,CAN)、电子控制单元(Electronic Control Unit,ECU)等电子器件反馈的数据进行计算,了解汽车行驶状态以及各种参数指标,对车辆进行最佳状态的适配。

(2)对路智能:通过车用无线通信技术(Vehicle to Everything,V2X)对道路状况、拥堵情况等信息进行感知和收集,并将数据传输给云端进行计算和路线智能规划。

(3)对人智能:智能座舱和驾驶人及乘客通过语音、手势等不同交互方式进行互动,感知人类行为,了解人类需求。

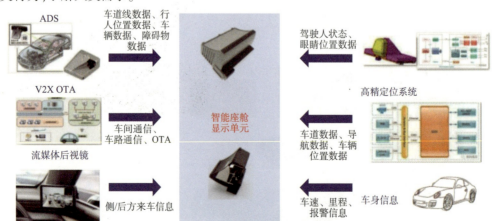

图 1-6 智能座舱整体能力

二 智能座舱的发展

智能汽车座舱发展主要经历了四个阶段:电子座舱、智能助理、人机共驾、第三生活空间。

第一阶段为电子座舱。汽车早期的座舱内饰单一,显示基本驾驶信息,集中在中控仪表盘上,包括机械式仪表盘及车载收音机。这些设备的操作基本都是物理按键形式,可提供的信息也只有车速、发动机转速、冷却液温度、油量等基本信息。20 世纪 90 年代,车载收音机和 CD 机成为第一代汽车主要娱乐设备,人与汽车交互开启了物理按键时代。车内主要靠大量的物理开关按键控制车载影音娱乐系统,并且这些物理开关和按钮在空间设计上进行了一系列优化,由最初全部集中在中控仪表,慢慢迁移到转向盘上,这些设计优化使人机交互的安全性和便捷性得到提升。

第二阶段为智能助理。随着汽车电子技术的发展及大规模应用,汽车功能越来越丰富,收音机、空调、音响及电子系统开关按键分区排列,单一的物理按键方式已经不能满足驾驶人的驾驶体验,于是屏幕显示开始引入车机。最初汽车座舱加入小尺寸中控液晶显示屏,车内添加了车载导航、蓝牙、媒体播放等设备。之后显示屏开始升级为触屏,减少了许多功能按键。别克最早推出全触屏中控的量产车型 Riviera,内部使用了一块带有触摸传感器的阴极射线显像管(CRT)显示屏,该屏幕在功能上集成了比传统物理按键更多的控制功能,包括电台、空调、音量调节、汽车诊断、油量显示等功能,使得整个车内人机交互体验上升了一个档次。随后,越来越多的车企也采用车载中控触摸屏幕的设计,配备相应的人机交互系统。

第三阶段为人机共驾。在这个阶段,中控屏朝着大尺寸、可移动、多屏幕方向发展,部分豪华车型开始采用 HUD 等电子化产品及远程空调操控等功能,之后在"两客一危"车辆上开始安装驾驶人监测系统(Driver Monitoring System,DMS),汽车智能化的进程加快了智能座舱的发展速度。从 2021 年开始,DMS 和人脸识别(Facial Recognition,FR)被集成在一些新能源汽车上使用。图 1-7 为某车型智能座舱的 DMS 和 FR 集成设计,人与汽车的交互方式将会有更大的发展,因此,传统座舱引入各种辅助驾驶功能之后,要求驾驶人能够熟练掌握驾驶舱的交互方式,能够了解系统的能力与使用限制,能够理解系统的输入/输出关系,在此基础上决定如何操控辅助驾驶系统。随着人工智能(Artificial Intelligence,AI)算法、智能驾驶的不断发展,智能汽车已经进入 L3 级自动驾驶的人机共驾阶段。车辆可为驾乘人员

图 1-7 某车型的智能座舱的 DMS 和 FR 集成设计

主动提供场景化的服务,同时汽车将成为能与人类互动的智能设备,即汽车从按键交互跨越到车载显示交互。

第四阶段为第三生活空间。未来随着自动驾驶进入 L5 这样的高阶无人驾驶阶段,驾驶舱才会变成真正的智能座舱,与日常生活中的游戏、娱乐更加紧密地结合。智能座舱通过对数据的采集,将数据上传到云端进行处理和计算,从而对资源进行最有效的适配,增加座舱

内的安全性、娱乐性和实用性。也就是说，更加主动、灵敏、情感化的"类人"交互模式，是智能座舱在很长一段发展周期内的里程碑式目标。智能座舱可以根据乘车人数，灵活安排座椅配置方案，灵敏感知乘员坐姿变化，自动调节座椅角度与体感温度，并进行按摩，舒缓肌肉；根据不同场景，切换会议、休闲、家庭、私人休憩等模式，从而让驾乘人员不仅可以在车里进行看电视、唱KTV、上网打游戏、聊天等娱乐活动，还可以参加工作会议等，从而逐步成为我们生活的第三空间。

未来的智能座舱

三 智能座舱技术架构

1. 智能座舱域架构

智能座舱域系统架构与智能驾驶域类似（图1-8），且两者存在一定的复用性，比如，智能驾驶域的感知结果可能作为智能座舱域的感知输入数据进行复用。一般情况下，座舱域更加偏向于视频信息显示，而智能驾驶域则偏向于环境语义识别及处理。因此，如果感知端原始输入在智能驾驶域控制器进行信息处理，则需要驾驶域能够增加有效的编解串器，同时搭载一定的图像渲染处理器如图形处理器（Graphic Processing Unit，GPU），将原始视频编解码信息处理后输入中央处理单元。

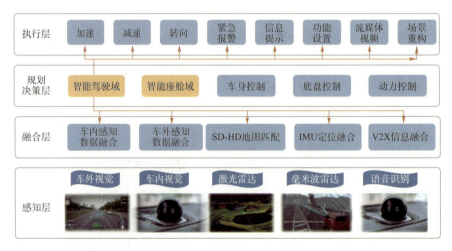

图1-8 智能座舱域架构

智能驾驶域与智能座舱域是分为两个独立的信息处理单元进行信息处理的。其中，智能驾驶域需要高效利用智能座舱域，如仪表、AR-HUD显示单元进行有效的驾驶信息显示，同时也需要利用中控屏进行有效的驾驶控制、设置和交互提示等。目前，有些智能座舱域通过多媒体集中计算单元（简称座舱域控）接入云服务平台、移动通信及以太网关单元、功放及无线单元，并设置驾驶人交互显示单元，即中控多媒体显示、驾驶人监控显示、乘员监控等。电子电气架构从电子控制单元（ECU）向域控制器（Domain Controller Unit，DCU）过渡，带来了车载影音娱乐底层硬件计算能力的快速增强，能够支持一芯多屏。自动驾驶辅助系统（Advanced Driving Assistance System，ADAS）的丰富功能增加了驾驶人处理信息的难度，在面临即时性信息处理的需求下,更加需要智能交互与显示。AI 引擎逐步成熟,大幅提升了智能化体验。从前分散的座舱域 ECUs 难以与安全域(ADAS/AD)控制器协同工作,无法实时地将全球定位系统(Global Positioning System,GPS)、雷达、激光雷达和摄像头的实时环境信息展示给驾驶人。因此,目前座舱域控制平台通过将座舱域多个 ECU 集成到一个控制器上,整合 IVI、HUD、驾驶信息、多功能信息显示以及 ADAS 和车联网的信息资源,形成高度集成的硬件平台,有效降低整车成本,优化车内空间,减小功耗,也可整合操作系统,实现软硬件分离,开启"软件定义汽车"的第一步。

2. 智能座舱系统信息交互架构

整个智能座舱系统的信息交互如图 1-9 所示,包括以下几个大的控制单元。

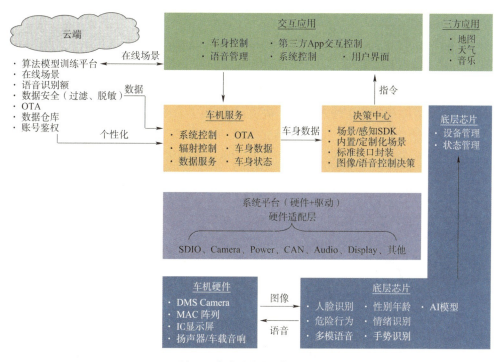

图 1-9　智能座舱域的信息交互

1)车机硬件

车机硬件主要是原始感光或应声部件,用于接收 DMS 摄像头输入的驾驶人面部或手部信息及 OMS 输入的乘员信息,同时接收车内乘员输入的相关语音信息,包括车载音响、显示等硬件单元。

2)图像或语音处理芯片

图像或语音处理芯片功能包含对人脸识别、情绪识别、手势识别、危险行为识别、多模语音、功能算法等的应用。

3)系统及中间件平台

与智能驾驶类似,智能座舱在系统平台层面需要建立硬件适配及驱动控制,包含进行安全数字输入输出单元、电源能量分配、编解码、音频输出、显示、CAN 通信等单元。

4) 车机服务

作为智能座舱的核心服务,整个车机服务包括系统控制、车身控制、数据服务、OTA、底盘状态及车身数据等内容。可实现以下功能:包含该 AI 芯片级以上的系统管理与配合,进行进程监控、OTA、HBServrice 的 AI 芯片管理;包含接收传感器感知数据结果,融入 AI 芯片算法中,并提供数据包 Pack 的录制功能的感知数据软件包 SDK;提供软件生命周期管理,感知算法控制开关,录制开关等功能的控制软件包 SDK;完成相关业务流程,比如场景定义、多模态语义解析等的应用框架;在应用框架之上,完成相关业务实现过程,比如 FaceID 注册,工作模式定义、OTA、数据闭环等的业务层;包含数据管理、数据处理、数据挖掘、数据回灌;数据指标评测、诊断管理;模型训练、模型测试、模型管理;数据标注、标注管理等一系列服务的数据服务。

5) 决策中心

决策中心包括感知 SDK、场景 SDK,从而构建定制化场景及图像/语音感知能力。多模态座舱交互技术总体包含语音+手势+视线智能人机交互系统。这里我们把图像和语音感知处理能力统称为多模态交互应用技术框架。其处理过程包含定义车身数据库、车内感知数据库,并进行驾乘人员交互行为数据库构建,开发用于云端场景推荐匹配 SDK,后续用于解决全场景联调服务推荐功能。进一步地,采集驾乘人员典型场景行为数据,将其实际行为数据输入个性化配置引擎可推动实现端上场景 SDK。最终解决车控、音乐、支付等常规服务推荐功能。

6) 交互应用

整个交互应用包括车身控制、系统控制、第三方应用程序(App)交互控制、语音播报、用户界面等几个方面。同时,对于第三方应用中的地图、天气、音乐等,也有一定要求。

7) 云端服务

由于大量的数据涉及远程传输和监控,因此,智能座舱云端服务包括算法模型训练、在线场景仿真、数据安全、OTA 管理、数据仓储、账号服务等。

四 智能座舱开发流程简介

智能座舱开发流程如图 1-10 所示,包括利用新场景、场景库进行场景定义;利用 HMI 设计工具进行 UI/UE 设计(包含界面及交互逻辑设计);利用 HMI 框架构建工具搭建整个交互设计平台;由开发人员基于搭建的交互设计平台进行软硬件开发;测试人员深入贯穿于整个开发过程进行阶段性单元测试和集成测试;测试结果基本部署于车端进行搭载;整个过程由开发设计人员进行全方面维护。

图 1-10 智能座舱开发流程

细化下来,对其中的开发过程进行放大可以看到,软硬件开发过程如图 1-11 所示。

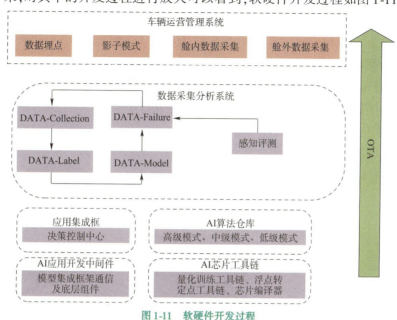

图 1-11　软硬件开发过程

五　智能座舱的子系统与系统测试简介

1. 智能座舱的子系统

通常智能座系统目前具体呈现为仪表盘、中控显示器、智能 AR-HUD 系统等,通过融合 T-Box、DMS、ADAS、高精定位系统以及未来的 V2X,可以充分地体现智能座舱在自动驾驶中的优势。如智能座舱域系统将导航信息输入至智能驾驶系统域控制器并通过其进行 SD-HD Map 匹配,可以很好地实现基于车道高精度级别的导航定位系统任务。此外,智能座舱氛围灯是基于传统发光二极管(Light Emitted Diode,LED)的单色、多色方案进行。其功能包括支持单通道 4000 + 颗 RGB,更小的 LED 封装便于灵活布置,大规模 LED 部署,功能、效果设计空间极高,新交互性功能——动态音乐随动、情绪识别融合等。智能电子后视镜不仅可作为盲区示意、碰撞提醒、变道预警、透雨透雾、夜视增强等多个方向的呈现,还可以通过功能扩展与融合,如与行车记录仪、ADAS、流媒体侧后视镜、倒车影像、座舱监控系统等结合起来共同为智能驾驶域提供相应的服务。智能座椅可在提升舒适度的基础上,比如提供精准、快捷、方便的座椅及后视镜调节;具备记忆功能,快捷、方便地获取舒适的驾乘车位置;座椅通风加热功能可以提高驾乘舒适程度;迎宾和后视镜自动下倾功能,提升整车品质,如图 1-12 所示。

通常,智能座舱的子系统包括车载信息系统、座舱安全舒适系统和车载声学系统等。

智能座舱子系统

车载信息系统包括中控屏、液晶仪表板、HUD 和智能电子后视镜等硬件,以及软件层面的人机交互技术等。中控屏作为车载信息系统的组成,更多地为车载娱乐系统所用,也是人机交互的主要界面,而 HUD 和智能电子后视镜成为液晶仪表板外,车载信息显示系统的重要补充。车载信息系统是智能化创新的关键点,首先在软件层面,人机交互功能(语音控制模块)将语音识别、人脸识别、触摸控制、手势识别、虹膜识别等人机交互技术融入其中。同时,中控屏幕大屏、多屏趋势显著,10in❶以上中控屏成为主流。其次,一芯多屏技术取得重要突破,显示屏联屏化、多形态化。随着 Mini LED 和有机发光二极管(Organic Light-Emitting Diode,OLED)和 Mini LED 等新兴显示技术的成熟,显示屏将发生更大的变化。而 HUD 由于能够将驾驶速度、导航等重要行车信息投影到风窗玻璃上,使得驾驶人在不低头的情况下能够看到重要的行车信息,大大提高了驾驶的安全性,在汽车上的渗透率会越来越高,未来的主流发展方向是 AR-HUD。

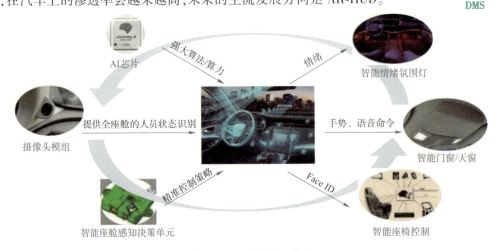

图 1-12 智能座舱域的系统呈现

座舱安全舒适系统中 DMS 能够通过汽车驾驶舱内摄像头检测驾驶人在行车过程中的状态,识别疲劳驾驶、危险动作等状态并进行语音等方式的提醒。空调系统为座舱内的驾乘人员提舒适的气候,为驾驶人安全驾驶保驾护航。智能座椅为座舱内的驾乘人员提供更进一步的安全和舒适性,可根据驾乘人员的身高、体重、个人偏好等,按照不同舒适度进行调节,并提供座椅通风、加热、制冷和按摩等功能。未来全新的 DMS 不仅具备驾驶人疲劳检测、人脸识别等功能,还在逐步添加更多关联功能,如手势交互、动作识别、表情识别、唇语识别、视线亮屏等,譬如通过人脸识别和情绪交互来分析驾乘人员的心境,当检测到驾乘人员的心情明显比较低落的情况下,车载机器人或全息管家会主动和驾乘人员进行类人的交流,比如聊天、播放有趣的内容等,当驾乘人员累了,智能座椅还会给驾乘人员提供按摩服务。此外,智能电子后视镜和透明 A 柱可减少视觉上的盲区,以及与智能座舱融合后,更多涉及安全的信息将会反馈到座舱,其根据情况作出相应的反馈,提醒和警示驾驶人,以保证安全驾驶,最终据情况由智能驾驶系统进行接管。

车载声学系统不仅包括早期为用户驾乘舒适感和娱乐需求的车载声音播放系统,还包括为用户提供车内环境下的语音交互服务系统和氛围灯系统等。语音交互服务系统采用了唤醒、语音识别、语义理解等技术实现语音控制,座

---

❶ 1in = 0.0254m。

舱的车设车控、地图导航、音乐及多媒体应用、系统设置、空调等均可通过语音来操作。除了针对车身、车载的控制外,语音还支持天气查询、日程管理以及闲聊对话。语音交互天然有着更安全和更方便的优势,用户只要说唤醒词,语音指令可以一步直达功能,既能解放手指,又无须视线偏移注视车机中控区域,从而保证行车安全。车载声音播放系统主要包含车载扬声器、功放及行人警示器(Acoustic Vehicle Alerting System,AVAS),软件主要包括整车调音技术、声学信号处理技术(如主动降噪、多区域声重放技术等),较典型的就是在车载独立空间提供沉浸式体验的"音乐座舱"。受益于DSP芯片、传感器等底层技术的持续突破和软件算法的持续赋能,声学厂商通过硬件感知、软件层面的数字信号处理技术及智能声学部件的执行,可以有效解决声学系统在汽车复杂环境下的声学难点,提供更好的声音体验。所以,车载声学系统不再是简单的声音交互部件,而是提供隔音静谧性、环绕式座舱体验、虚拟现实浸入场景的智能座舱核心系统。

2. 智能座舱系统测试简介

智能座舱多为整合了传统组合仪表(Instrument Pack,IPK)以及HMI、HUD、DMS等若干控制器之后的"一机多屏"的复杂系统。在软件架构上,多操作系统也是其一大特点(如安卓和黑莓QNX系统方案、基于Linux系统内核开发的阿里AliOS和华为Harmony OS方案),而在硬件接口上通常是车载以太网、CAN/CAN FD以及LVDS等。座舱域控制器由于自身特点,其功能测试用例多达几万条甚至十几万条,完全依靠传统手动测试,需要投入大量的人力资源,难以满足越来越短的项目开发周期和软件快速迭代需求。为了提高测试效率,在产品开发及验证过程中必须采用自动化/半自动化的方式来完成座舱域控制器的功能测试。

从智能座舱域部件级的功能测试角度来看,主要聚焦以下几方面的测试:车辆和环境信息显示功能,如中控、仪表、HUD、智能电子后视镜、透明A柱、360度环视等显示交互;娱乐、浏览功能,如本地和在线的媒体播放、游戏以及文档和网页浏览阅读等;配置、设置和控制功能,如个人账户、车辆/驾驶信息设置、应用程序(App)安装/卸载等;AR导航、环视、后视、夜视等功能;对驾乘人员头、脸、眼监测功能和健康监测的车内监测;语音交互、手势控制等交互功能;用户App在线和离线服务功能;连接功能:蓝牙、Wi-Fi、USB、4G/5G等。

在新车的交付或修竣后的智能座舱测试中,主要是通过传统手动方式完成测试,目前具体的测试内容主要有:

1)屏幕效果

在硬件上,全系标配车联网系统,不同版本之下中控屏以及仪表的硬件配置也完全一致,考虑到汽车屏幕经常会在阳光底下暴晒,因此,要对它们的可视角度以及亮度进行测试。

2)车机性能

座舱的智能化程度和车载系统的功能性高度正相关,如今的车机系统已不再是简单的导航和多媒体功能,它逐渐成为驾驶人与车辆互相沟通的桥梁。在车机性能这一测试部分,针对系统的流畅度、UI设计、车机功能丰富度、仪表功能丰富度、扩展性这几个方面来进行量化评分。

3)系统的扩展性

主要从两个维度进行评分:一是应用商店App扩展,二是手机互联扩展。

4)语音交互

语音交互是座舱智能化程度的一大重要体现,如果从一个车主的角度来看,一套优秀的语音交互系统,应该能在日常使用过程中,实现"自由"的语音下达方式和"自然"的指令执行反馈,这也是测试应该注重的内容。

其他功能的测试包括手势交互、DMS、HUD、智能座椅等功能测试,以及车载娱乐系统、车载信息显示系统、导航系统、蓝牙、Wi-Fi 和车载互联网等网络连接等各系统功能的测试。

此外,还有一些对新上市车辆智能座舱的验证性评价测试,其以用户体验为主,结合专业能力,从智能硬件、交互能力、应用生态三个方面,数据和体验两个维度,多个项目进行测试。在智能硬件项目中,重点是屏幕、基础硬件和拓展接口三个板块;车机交互能力从系统、语音、其他三个板块;应用生态主要包括 OTA 升级、音视频资源娱乐游戏体验和拓展功能(HUD、个性化模式等)四个板块。

拓展阅读

智能语音系统"理想同学"2.2 版本

"理想同学"2.2 版本主要升级了四个方面的功能,包括连续对话、可见即可说、四音区锁定、跨音区上下文对话。

1. 连续对话

"理想同学"2.2 版本可以支持单次唤醒后的连续指令下达。在上一个指令成功执行后,智能语音系统有 20s 的时间来等待乘客发出下一个指令,如图 1-13 所示。

"理想同学"
2.2 版本

图 1-13 连续对话

这样的好处就是,用户在需要连续操作时,不再需要一遍一遍地重复"理想同学"来再次唤醒系统。

除此之外,连续对话功能还有一个特点在于支持随时插话,而不需要耐心静待系统完成上一条指令之后再开口,系统会自动录入指令队列,然后按照顺序执行。

比如，用户可以连续下达"空调调到20℃""打开音乐""打开后排座椅通风"等多个指令，无须间歇等待，让语音功能操作变得便捷而高效。

此外，"理想同学"令人印象深刻的还有一点在于"无效文本拒识"功能。在智能语音开启过程中，即便有其他人插话和交谈，理想同学能够"聪明"地识别到哪些是需要执行的指令，而哪些是车内的交谈内容。

2. 可见即可说

用户在使用"理想同学"控制某个 App 时，乘客不用再刻意记住指令、关键词这类触发语，看到屏幕上所显示的菜单栏写着什么就可以说什么，系统可以自动识别并执行。

当然，这需要理想的智能语音系统与外部应用 App 深度绑定和开发，目前首批支持的应用包括 QQ 音乐、喜马拉雅、蓝牙电话、车辆中心。

考虑到安全因素，车辆中心里有关驾驶的设定并不支持非主驾区域的语音控制，也就是说，这部分内容只能由驾驶人控制。

3. 四音区锁定

在理想同学 2.2 版本之前，已经实现了全车任一位置的成员进行智能语音控制。但是，也带来了另外一个问题：作为一辆家庭用车，尤其是家庭中有多个小朋友时，可能会出现对语音控制的"话语权"争抢，往往会影响家长的正常使用，如图 1-14 所示。理想同学 2.2 版本对全车多音区应用再次做了精细化的体验升级，支持除驾驶人之外任意一个音区的识别关闭，即四音区锁定。这时，驾驶人只要说"关闭后音区""不要听副驾驶"等指令，就可以关闭相应位置的语音识别，避免孩子干扰。

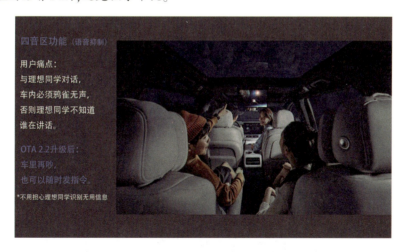

图 1-14　四音区锁定

4. 跨音区上下文对话

智能语音被诟病死板的场景之一在于同一个功能指令下的重复指令，更在于不同乘员明明是类似的需求，不仅需要驾驶人多次唤醒语音助手，还需要针对不同座位乘员来重复同样的指令，来完成不同区域的调整。

而"理想同学"2.2版本则针对这些场景进行了升级,可以针对上条指令内容进行上下文关联对话,并对其他座位上的乘客需求进行调整。

比如,如果对空调、座椅、车窗等第一次调整不满意,就可以再次下达"再大点/冷点""温度调到××℃""风量调到××挡"等指令。

主驾驶人调好后,可以说"副驾驶也是"等一键同步到其他座椅位置,并且在相同的指令语境下,其他乘员也可以在唤醒"理想同学"后,下达"我也要"指令。

技能实训

智能座舱的认知

1.实训目的

(1)辨别车辆是否配置智能座舱的基本功能。

(2)识别车辆智能座舱的各子系统。

(3)使用车辆智能座舱的基本功能,并复述基本工作原理。

2.实训设备

配备智能座舱的车辆。

3.实训内容和步骤

(1)辨别车辆是否配置智能座舱的基本功能。

由4~6名学员组成调研小组,通过网络查询、实地走访、亲身体验等方式,辨别市场上具备智能座舱的车型,并填写表1-1。

车辆基本信息　　　　　　　　　　　　　　　　　　表1-1

调研车型		市场指导价	
VIN码		车辆上市时间	

(2)根据所辨别出的智能座舱,识别其拥有的子系统,以及其的功能使用,并填写表1-2。

智能座舱子系统　　　　　　　　　　　　　　　　　表1-2

子系统名称	具备的功能简述	功能体验

4.调研报告分享与评价总结

(1)调研报告分享。

由小组成员推选1~2名成员,向班级同学分享本小组的调研成果。

(2)组内互评,见表1-3。

模块一　智能座舱概述

组内互评　　　　　　　　　　　　　　　　　　　表1-3

组员	安全规范				任务完成				团队精神 (1~5分,5分最高)			职业素养 (1~5分,5分最高)	
	差	中	良	优	差	中	良	优	领导协调	沟通合作	配合执行	保持环境整洁	文明懂礼
组员1													
组员2													
组员3													
组员4													

（3）自我评价,见表1-4。

自我评价　　　　　　　　　　　　　　　　　　　表1-4

任　务	评价等级			
	不会	基本不会	会	很熟练

（4）教师总评(1~5分,5分最高),见表1-5。

教师总评　　　　　　　　　　　　　　　　　　　表1-5

遵守纪律	安全规范	任务完成	团队精神	职业素养	总　评

思考与练习

一、判断题

1.广义的智能座舱是指所有与驾乘人员相关、能结合云端大数据和车辆自身数据、与驾乘人员智能交互的载体,如座椅、氛围灯、IVI。　　　　　　　　　　　　　　（　）

2.汽车座舱电子系统主要指全液晶仪表盘、中控平台、智能音响、信息显示屏、车联网模块、抬头显示(HUD)、智能电子后视镜以及远程信息处理系统等组成的一整套系统。
　　　　　　　　　　　　　　　　　　　　　　　　　　　　　　　　（　）

3.汽车在早期主要是以驾驶为目的,座舱内饰也比较单一,显示的是基本驾驶信息,主要集中在中控屏上。　　　　　　　　　　　　　　　　　　　　　　　　　（　）

4.智能汽车座舱发展主要经历了四个阶段:电子座舱、智能助理、人机共驾、第三生活空间。　　　　　　　　　　　　　　　　　　　　　　　　　　　　　　（　）

5.整个开发数据平台是一个全闭环流程,该闭环流程涉及三大数据处理过程,最终形成

可用于训练的有效模型。（   ）

6. 整个驾驶座舱域系统架构主要分为本地娱乐导航阶段、智能网联车机阶段、自动驾驶座舱阶段三个阶段。（   ）

7. 目前业内多数企业对智能座舱的认知属于更为狭义，认为只要有人机接口（Human Machine Interface，HMI）进行人机交互的屏幕就是智能座舱。（   ）

8. 智能座舱是逐渐进化成集"家居、娱乐、工作、社交"为一体的智能空间，是集硬件、软件为一体的系统。（   ）

9. 智能座舱测试主要是通过传统手动测试完成，目前具体的测试内容主要有屏幕效果监测、车机性能监测两种。（   ）

10. 车载信息系统包括中控屏、液晶仪表板、HUD和智能电子后视镜等硬件，以及软件层面的人机交互技术等。（   ）

二、选择题

1. 率先在"两客一危"车辆上使用的是智能座舱中的(   )。

　　A. HUD　　　　B. 智能电子后视镜　　C. DMS　　　　D. 透明A柱

2. (   )级别自动驾驶可为驾乘人员主动提供场景化的服务，同时汽车将成为能与人类互动的智能设备。

　　A. L2　　　　　B. L3　　　　　C. L4　　　　　D. L5

3. 别克最早推出全触屏中控的量产车型Riviera，其内部使用了一块带有触摸传感器的(   )显示屏。

　　A. 红外线式　　　B. CRT　　　　C. 表面声波式　　　D. 电容式

4. 目前底层车载操作系统中(   )为免费开源系统，具备定制开发灵活、成本较低等特点，主要应用于信息娱乐系统。

　　A. 黑莓QNX　　　B. Linux　　　　C. Android　　　　D. AliOS

5. 通常智能座舱的子系统包括有车载信息系统、座舱安全舒适系统和(   )等。

　　A. 车载通信系统　　　　　　　B. 车载交互系统
　　C. 车载娱乐系统　　　　　　　D. 车载声学系统

6. 空调系统为座舱内的驾乘人员提舒适的(   )，为驾驶人的安全驾驶保驾护航。

　　A. 温度　　　　B. 湿度　　　　C. 气候　　　　D. 冷气

7. 华为鸿蒙系统（Harmony OS）是基于(   )内核开发的。

　　A. Windows　　　B. Unix操作系统　　C. Linux系统　　D. Mac OS操作系统

三、简答题

1. 什么是狭义的智能座舱？
2. 智能座舱的开发流程是什么？

模块二 智能座舱的子系统

学习目标

▶ **知识目标**

1. 描述智能座舱系统的组成；
2. 界定智能座舱各子系统的特点；
3. 列举车载信息娱乐系统、抬头显示系统、座舱安全舒适系统、车载声学系统的基本功能。

▶ **技能目标**

1. 能够识别智能座舱子系统的主要部件；
2. 可以解构智能座舱子系统；
3. 能够完成智能座舱子系统的基本检查和故障排除；
4. 通过实验可以对各个子系统进行性能测试。

▶ **素养目标**

1. 在学习过程中培养优秀的学习习惯，树立高尚的职业道德；
2. 通过学习，树立质量意识，培养工匠精神、创新思维。

建议课时

6 课时

一 车载信息娱乐系统

1. 概述

车载信息娱乐系统（In-Vehicle Infotainment，IVI），如图 2-1 所示，是汽车产业中市场占有率最高的功能配置，是提供车辆信息和娱乐的系统组合，采用车载专用中央处理器，基于车身总线系统和互联网服务，形成的车载综合信息处理系统，是运用计算机、卫星定位、通信、控制等技术来提供安全、环保及舒适性功能和服务的汽车电子系统。其功能已经全面超越传统汽车的车辆信息显示系统（仪表系统）和娱乐系统的现有功能，主要包括全图形化数字仪表、车辆导航、车载多媒体影音娱乐、整车状态显示、远程故障诊断、无线通信、网络办公、信息处理、智能交通辅助驾驶等。

图 2-1　车载信息娱乐系统

信息娱乐系统

IVI 系统除了不断增强的影音娱乐及效果,通过通信盒子设备(Telematics Box,T-Box),车载信息娱乐系统开始成为上网的、集互联控制于一身的车联网系统。可以进行车身的控制,如控制车窗、空调、座椅等,此外通过各式各样的传感器,还增加了汽车全景可视系统、汽车驾驶辅助系统。同时,触屏、语音交互等人机交互技术(Human Machine Interface,HMI)也逐步融入车载信息娱乐系统。目前已经成为人、车、环境的充分交互,集电子、通信、网络、嵌入式等技术为一体的高端车载综合信息显示平台。

智能化的进程带来信息处理和显示量的不断增加,车载信息娱乐系统未来需要采用强大灵活的硬件解决方案,将朝着高速 CPU 处理、高速无线通信、高分辨率图像呈现方向发展,以提供更快、更多样化的丰富视听娱乐体验。在汽车智能化发展下,车载信息娱乐系统将成为智能汽车主被动安全功能的控制中心,并提供各种无线和有线传输方案,车外多媒体娱乐、车联网、智能交互资源和 AI 等也成为车载信息娱乐系统的标配,同时,5G 网络的应用使车机系统实现更多的联网功能,导航、人与人沟通和娱乐功能都将得到进一步的丰富与增强,VR 体验功能甚至基于高速网络实时更新,互动感更强。随着互联网公司与汽车厂商的合作进一步深化,系统的软硬件和交互逻辑都将迅速增强,系统的融合也会更强,车载信息显示系统和车载娱乐系统将在硬件和软件上完全融合。

2. 车载信息显示系统

车载信息显示系统也称为汽车信息显示系统,是车载信息娱乐系统的显示部分。可以使驾驶人在行驶过程中通过车载电子装备及时了解汽车运行的状况信息和外界信息的装置。传统的汽车信息显示系统是机械式仪表盘加报警功能的显示系统,如图 2-2 所示,这种显示系统只能向驾驶人提供车速、累计里程、温度以及利用灯光显示汽车转向及倒车的相关信息。随着汽车电子技术的发展,车载信息显示系统由车况监测部件、车载计算机和电子仪表三部分组成。汽车车况监测部件通过液位、压力、温度、灯光等传感器,监测发动机、制动系统、电源系统以及灯光的工作状况。车载计算机提供安全性、燃油经济性及乘坐舒适性的信息,如平均油耗、瞬时油耗、平均车速、可行驶里程、驾驶时间、时钟和温度等,这些信息在不需要时可以不显示,但只要驾驶人按下相关按键即可调出,而对于驾驶人需要的基本操作信息,只要打开电源,电子仪表就会有连续的信息显示。现在的电子仪表大多数采用液晶显示仪表、中控屏、HUD等,是智能座舱车载信息显示系统的标准配置。

图 2-2　传统仪表盘、电子仪表盘、智能语音导航

3. 车载信息娱乐系统

汽车作为常用的出行工具,娱乐功能也同手机上的娱乐功能一样,起着非常重要的作用。驾乘汽车是一个十分枯燥的过程,尤其是长途旅行时,甚至会让人感觉到疲劳。在这种情况下,驾驶人很容易因为分心或者疲劳而引发交通事故。而车载娱乐系统的出现,不仅在很大程度上解决了这一问题,而且让驾乘汽车成了一种充满乐趣的享受。从本质上说,车载娱乐系统让用户的出行体验随着生活水平的提升而同步升级了。汽车最早是通过收音机电台给驾驶带来天气预报、交通路况、音乐、相声等交通信息和娱乐。随着家用娱乐视听设备的变化,收录机、CD机、VCD也不断迭代出现在车载信息娱乐系统上,特别是VCD和导航的出现,"屏"开始成为汽车的基本配置。随后通过USB接入U盘和手机播放音乐,或通过蓝牙接入手机进行音乐播放和电话接听等功能。现在汽车作为交通工具的属性下降,承担生活、娱乐、工作的属性会相应地扩展。如图2-3所示,车载娱乐系统与座舱共同逐步发展成为新的、可移动的"视听座舱"。娱乐系统不再仅包含在中控台中,而是延伸到整个座舱内外,譬如座舱K歌让乘客可以欢唱;前排座椅头枕,使娱乐系统与导航系统语音互不干扰,实现驾驶人与乘客互不干扰;后座VR娱乐系统让乘客在不干扰驾驶人驾车的情况下,体验沉浸式的影院(剧场/音乐厅)效果,同时支持车外音乐视频的播放。

图 2-3　车载娱乐系统

4. 车载信息娱乐系统的组成

车载信息娱乐系统分为硬件和软件两部分,有 4 个层面,从高到低依次是客户层、服务层、通信层和车载层。硬件框架主要由主 CPU(也叫 SOC)+ MCU 以及外围的设备控制、电源模块、音视频编解码、蓝牙模块等构成,高端系统会选择双主 CPU + MCU 的架构,操作系统以及各种应用的处理都在 CPU 上,MCU 主要是用来控制和车内网络的通信。主流的 CPU 芯片有飞思卡尔的 I. MAX6/8 和 TI 的 jacinto 5/7 等,MCU 芯片主要有瑞萨的 RH850 等。车载信息娱乐系统具体呈现为中控大屏、流媒体中央后视镜、抬头显示系统 HUD 和后座 HMI 娱乐屏等屏、天窗和车窗投影,以及麦克风、扬声器等音响系统和 T-Box、天线、网关等。其中,T-Box 是车内通信的设备,它一方面通过网络和后台 TSP 平台进行连接,另一方面与汽车通过 CAN BUS 总线通信,实现指令与信息的传递,从而获取到包括车辆状态、按键状态等信息以及传递控制指令等,通过音频连接,实现喇叭输出。

早期的软件大多采用黑莓 QNX 系统,用于信息娱乐的 QNX CAR 平台采用了一系列 QNX 中间件技术,可处理媒体、网页浏览、语音集成、智能手机连接、无线(OTA)软件升级、手持蓝牙和免提电话。QNX 系统支持第三方应用程序和第三方产品,比如导航、语音识别等。随着软件技术的发展,OEM 定制化难度大、开发费高昂等因素制约了 QNX 的推广,与此同时更具灵活性和易用性的 Android 软件系统取得了快速发展。近几年,阿里和华为都基于 Linux 开发了阿里 AliOS 和华为鸿蒙 OS(HarmonyOS)。

5. 车载信息娱乐系统的主要功能模块

1)仪表显示

主要包含传统仪表的所有功能,如图 2-4 所示,以液晶屏(LCD)作为显示终端,所需的大量、复杂的信息能够以图形方式,灵活、准确地显示在 LCD 屏幕上。基本的要求是高亮度显示图形,高实时性响应,能够接收来自 CAN 总线和传感器的信号。

2)网络及其他无线连接

通过覆盖全国的 GSM/CDMA/GPRS 信号,随时随地无线上网,如图 2-5 所示,同时与车内的无线设备(USB,用于音频和手机的蓝牙,以及用于钥匙的 NFC 或超宽频)进行连接的功能。

图 2-4 仪表显示　　图 2-5 网络及其他无线连接

3)车辆监控及远程故障诊断

通过收集的信息进行车辆信息的诊断和分析,更加智能地监控车辆的性能和状况,并给予用户提示,同时通过车载信息平台的 GPRS 模块将诊断分析数据与诊断服务中心实时双向传递。通过外连 GPS 模块和通信模块,并通过监控中心,进行车辆防盗监控和远程控制,如图 2-6 所示。

图 2-6 车辆监控及远程故障诊断

4）多媒体

如图 2-7 所示，其集成了收音机、USB/AUX 等外接设备、蓝牙音频、在线音乐 App、在线电台、卡拉 OK 等提供多媒体资源的应用，具有丰富的多媒体功能。

图 2-7 多媒体应用界面

5）导航信息

如图 2-8 所示，其能够实现地图显示、路径规划等基本导航功能，以及实现车队行驶/路书等新型功能，可分为本地离线导航应用和在线导航。

图 2-8 导航界面

6）映射功能

如图 2-9 所示，其通过 mirrorlink、carlife、carplay、welink、applink 等技术，能够将手机屏幕

直接映射到车机上面,并实现双向的控制。

7) 人机交互

如图 2-10 所示,其通过触屏、按键、语音、手势、人脸识别等用来和车机进行交互。

图 2-9　手映射功能

图 2-10　人机交互(语音交互设置)

8) 车身信息显示和控制

如图 2-11 所示,车门、车窗、空调、座椅、空气净化器等状态显示以及通过 HMI 进行控制。

9) 安全辅助驾驶功能

如图 2-12 所示,其包括倒车影像、全景影像、ADAS、自动泊车等。

图 2-11　车身信息显示和控制

图 2-12　ADAS 等辅助驾驶功能

10) 应用模块

如图 2-13 所示,其具有办公、社交、游戏车载 App 实现更多功能。

图 2-13　应用模块

二 抬头显示系统

1. 概述

抬头显示系统简称HUD,也称平视显示系统,是指以驾驶人为中心、盲操作、多功能的仪表盘。其作用就是把时速、油耗、电耗、胎压、导航等重要的行车信息,投影到驾驶人前面的风窗玻璃上,让驾驶人不低头、不转头就能看到与驾驶相关的重要信息,如图2-14所示。

图2-14　HUD

抬头显示系统

HUD最早作为辅助仪器应用在军用战斗机上,飞行过程中的主要参数、自检测信息通过光学部件投射到飞行员视野正前方的组合玻璃显示装置上,方便飞行员随时查看重要资讯。HUD首次使用到汽车上是20世纪80年代,但是由于配备这一技术的量产车数量较少且显示效果差、成本高昂,使得HUD一直未得到大范围应用。近年来随着汽车的智能化与网联化趋势越来越明确,同时基于用户对行车安全性、交互便捷性、行车智能性的需求,各汽车品牌厂家都推出了带HUD功能的车型,这也使HUD得到越来越多的认可。

2. 类型及组成

根据HUD图像成像显示的位置,HUD的类型主要分为:组合型抬头显示系统(Combiner-HUD,C-HUD)、风挡型抬头显示系统(Windshield-HUD,W-HUD)和增强现实型抬头显示系统(Augmented Reality HUD,AR-HUD)。

C-HUD是独立镜面可以作为独立系统进行光学设计,一般会根据成像条件对镜面进行特殊处理,其设计成本及难度较低。通常显示屏为放置于仪表上方的一块透明树脂玻璃,结构简单,成本相对较低,但视觉效果较低一些(图2-15)。

图2-15　C-HUD

虽然C-HUD的成本低,单成像距离近,成像高度低,驾驶人在行车过程中视线频繁远近切换容易导致晶状体疲劳,不利于平稳驾驶。另外,C-HUD 需要布置在驾驶人前方的仪表板上,在车辆发生碰撞时可能会对驾驶人造成二次伤害。此外,还有和 C-HUD 属于同一类的 A-HUD,其最大的不同在于 A-HUD 主打智能化(图 2-16),可以独立作为智能终端,也可以作为其他智能终端的一个显示屏。A-HUD 利用光机把图像投射到反射膜,然后在反射到经过特殊镀膜的透明材质,形成虚像,但由于采用了 DLP 光机技术,其成本较高。

W-HUD 是利用光学反射的原理,将重要的行驶相关资讯直接投射在风窗玻璃上面显示(图 2-17),其显示效果更为一体化,也有助于造型布置。但由于风窗玻璃一般为曲面玻璃,因此 W-HUD 需要根据风窗玻璃的尺寸和曲率搭配高精度非球面反射镜,这也直接导致 W-HUD 成本高升。其显示的主要信息为速度、温度、告警信息、音频信息、电话信息、导航信息、路况信息等。其主要目的是减小视觉焦点的切换时长,从而提升驾驶安全。目前,W-HUD 技术已较为成熟,成为市场主流的 HUD 产品,广泛应用于中高端车型中,并逐渐往中低端车型普及。

图 2-16　A-HUD　　　　　　　　　　图 2-17　W-HUD

AR-HUD 需要通过智能驾驶的传感器(摄像头、雷达等)对前方的路况进行解析建模,从而得到对象的位置、距离、大小等要素,再把 HUD 显示的信息精准地投影到对应的位置。通过车身行车电脑控制车身数据输出和不同数据与实景的有机结合,外加结合车辆导航系进行导航指示,还结合车辆 ADAS 功能进行 AR 呈现,来提供行车中道路偏移、前车预警及障碍物识别等提示,通过数字图像与真实场景的叠加,显示更加形象生动(图 2-18)。AR-HUD 的实用性和科技感代表了 HUD 的未来发展方向,是与智能网联汽车完美契合的产品。

图 2-18　AR-HUD

AR-HUD 的技术难度远大于 W-HUD,技术壁垒较高。如图 2-19 所示,AR-HUD 要实现 AR 效果,需要攻克感知、显示、融合三个环节,在显示的流畅度、光学效果、位置追踪、系统稳定性等方面提出了远高于 W-HUD 的要求。

(1)感知:精确实时感知道路实景环境,精确识别车道位置、路口位置,感知驾驶人视线位置,感知车辆的速度、加速度、转向角,来实时调节投射位置。

(2)显示:基于物理空间的感知结果和三维光场显示技术,实时计算、渲染生成任何需要被投射到真实世界内的虚拟对象。

(3)融合:需要融合道路实景和虚像,包括真实世界与虚拟成像在位置上的融合,以及将延迟控制在毫秒级别。

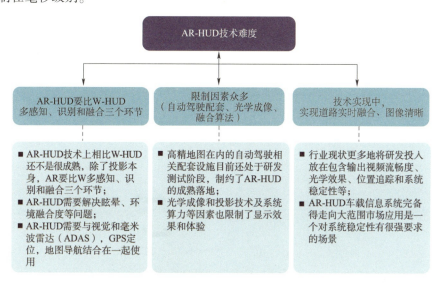

图 2-19　AR-HUD 技术实现

随着技术的不提升,AR-HUD 也新增了一些概念,如 2D-AR HUD、3D-AR HUD。其中,2D 的显示画面是平面的;3D 则是立体的视觉效果。3D-AR HUD 是使用 3D 投影技术开发 3D 平视显示器(3D HUD)的概念,可以显示前方道路的信息,并为乘客提供个性化 3D 信息娱乐。基于一个 3D 虚拟显示器可以投射到风窗玻璃前方,此时 AR 技术将根据目标的 3D 位置动态投影(图 2-20)。

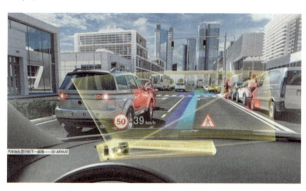

图 2-20　3D-AR HUD

使用 3D 立体视觉技术可以让视觉距离随心所欲,如图 2-21 所示,理论上要多远就多远,且同一画面内不同信息可根据需求摆放在不同的距离上,让驾驶视线不用在 HUD 信息与交通实况间切换,同时兼顾车辆信息与实际路况。

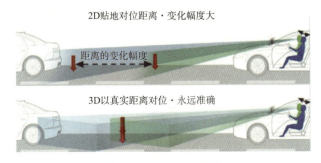

图 2-21　3D-AR HUD 优势

通过如图 2-22 所示的场景,就能有更进一步的理解。信息画面重叠在实际转弯路口上方,随着转弯路口逐渐接近,HUD 显示的信息也同步接近,驾驶人甚至不用理解 200m、150m、80m、20m 是什么概念,只需在提示信息的地方转弯即可。也就是说 3D-AR HUD 显示的距离是可变的,转变信息可以一直摆放在实际转弯的路口上。

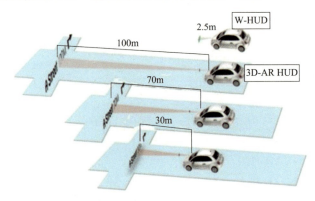

图 2-22　3D-AR HUD 转弯场景

如图 2-23 所示,在前面有车时,显示距离可以随车速或前车距变动,即其他信息的显示距离与前车距离相同,感觉上 HUD 信息贴在前车的车尾上,驾驶人专注前车动态的同时便可以阅读 HUD 的信息,视线不用做任何切换,这样就避免了驾驶人阅读信息影响驾驶安全。

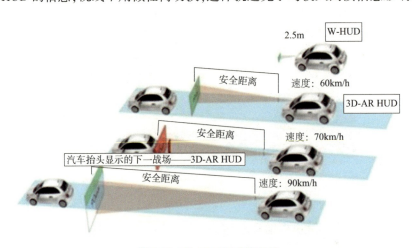

图 2-23　3D-AR HUD 跟车场景

3. 原理及技术方案

HUD 的显示原理是离轴三反射镜光学系统，即用一束光打在玻璃上产生一个虚像，再经折射、放大、反射后进入人眼。如图 2-24 所示，其成像原理是：控制单元从汽车数据总线获取车速、导航等信息，转换为光信息从投影仪(图形显示器 PGU 产生的虚像)发出，经过反射镜反射到投影镜上，再由投影镜投射到前风窗玻璃，最终人眼将看见的是玻璃前方数米的虚像。此外，根据其产品业态，又可将其分为成像部分、投影部分、软件部分。简单地说，不管是哪种类型的 HUD，都是发出一束光打在玻璃上形成虚像，显示各项行车信息和车辆状况，再经折射、放大、反射后进入人眼。

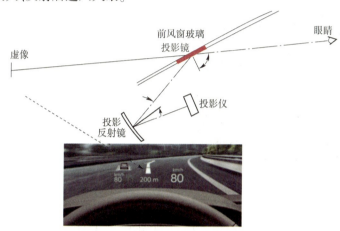

图 2-24　HUD 抬头显示系统基本原理图

成像部分中图像生成单元(Picture Generation Unit, PGU)是 HUD 的核心，其技术路线的选择也是决定未来产业发展路线的核心，根据影像源的硬件与原理的不同，目前主流的成像方式分为四种：薄膜晶体管液晶显示器(Thin Film Transistor Liquid Crystal Display, TFT-LCD)、数位光数处理(Digital Light Processing, DLP)、硅基液晶(Liquid Crystal on Silicon, LCOS)，以及微机电系统微激光投影(Laser Beam Scanning-Micro-Electro-Mechanical Systems, LBS-MEMS)的四种技术方案。

(1) FT 投影成像技术即 TFT-LCD 成像技术，TFT 作为 HUD 投影单元，其结构为偏振片、滤色器基板、液晶、TFT 基板、偏振片、背光源。投影原理如图 2-25 所示，以 LED 作为背光源发光，光线通过分色透镜经过液晶单元后将屏幕上的信息投射出去，即经给过反射镜1，之后反射镜2 投射到风窗玻璃上的 HUB 显示区域。

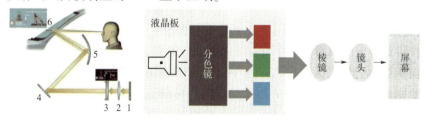

图 2-25　TFT-LCD 投影成像技术原理图

1-LED 灯；2-透镜；3-TFT LCD；4-(平面)反射镜 1；5-(凹面)反射镜 2；6-风窗玻璃

其优点是方案成熟、清晰度高、成本相对较低;缺点是光效低、产品亮度欠缺、投影距离变长、解决阳光倒灌难度大,因此背光要求功率高,导致散热问题,此外由于光线为偏振光,戴上太阳眼镜后无法看到显示的内容。

(2) DLP 投影成像技术是透过集成数十万个超微型镜片的数字微型反射镜元件(Digital Micromirror Device,DMD),可将强光源经过反射后投影出来。如图 2-26 所示,DMD 由数百万个高反射的铝制独立微型镜片组成,每个镜片可以通过数量庞大的超小型数字光开关控制角度。这些开关可以接受电子信号代表的资料字节,然后产生光学字节输出。

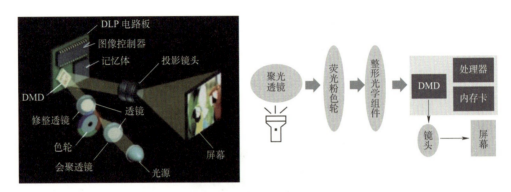

图 2-26　DLP 投影成像技术原理图

其优点是光学设计灵活且高亮度、高对比度和高分辨率,能更好地应对太阳光倒灌问题,不使用偏振光,可视面积高,因此,即使戴着太阳镜也能看到显示内容,支持光波导和全息的 AR HUD 设计;缺点是反射非球面镜精度要求高,导致整体成本较高。

(3) LCOS 投影成像技术属于新型的反射式 micro LCD 投影技术,其采用的是一种基于反射模式,尺寸比较小的矩阵液晶显示装置。LCOS 技术使光源经过分色镜后投射至三片 LCOS 面板,通过合光系统形成影像,如图 2-27 所示。

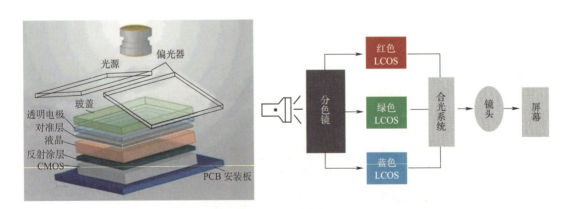

图 2-27　LCOS 成像技术原理图

其优点是分辨率高、体积小、光利用效率高、功耗更低;缺点是光源是偏振光,也会出现戴上太阳眼镜后无法看到显示内容的问题,且存在散斑问题、价格高。

(4) LBS-MEMS 激光投影成像技术是将 RGB 三基色激光模组与微机电系统结合的投影方式。属于扫描式投影显示,应用微机电二维微型扫描振镜及 RGB 三基色激光,以激光扫描的方式成像,其输出分辨率取决于 MEMS 微镜的扫描频率,如图 2-28 所示。

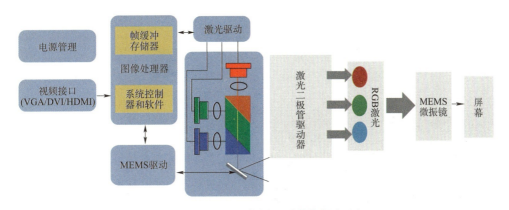

图 2-28　LBS-MEMS 激光投影成像技术原理图

其优点是结构简单、光学引擎大幅度简化、体积小、色彩更好、功耗低、发热量小、可靠性高;缺点是需要有机玻璃做光学分散,分辨率不高导致图像较为模糊,且改善分辨率成本较高。

4. 主要技术难点

HUD 主要的技术难点在于多场景下显示质量和散热,VID、FOV 和视野盒大小,AR-HUD 还涉及显示图像与道路融合、驾驶人视线追踪的难点。

1) 多场景下显示质量和散热

汽车使用场景多变,HUD 的使用需要考虑在白天、夜晚、雨天、雾天等多种情况,这些不同的场景对 HUD 的显示质量(亮度、颜色、清晰度、对比度、重影等)影响较大。HUD 的显示质量更多地由投影光线的亮度和环境光亮度共同决定,汽车前方的环境光通常很强,尤其是在太阳直射的时候。为实现全环境清晰显示,一方面需要提高 HUD 的发光亮度,通常要求达到 10000nits,作为对比液晶电视的峰值亮度一般为 1000nits;另一方面汽车也会面临阴天、隧道、夜晚等较暗的驾驶环境,始终保持高亮度显示会对人眼造成伤害,因此 HUD 需要实现根据光感不同自动调整亮度的功能。

HUD 通常布置在车载仪表前方,直接暴露在太阳光下,阳光倒灌问题要求 HUD 具备良好的耐高温性能。此外,HUD 的高亮度需要大光源支持,这对 HUD 内部散热提出更高的要求。如果 HUD 散热性能不佳,在阳光直射和高温环境下(如车规 85℃环境)容易造成光学和电子元件的损坏,影响 HUD 使用寿命。为了提高散热性能,HUD 厂商通常采用大面积散热孔、贴敷导热硅胶片等散热设计。

2) VID、FOV 和视野盒大小

虚拟图像距离(Virtual Image Distance,VID)即人眼到图像焦点的距离,如图 2-29 所示。在实际驾驶过程中,驾驶人通常关注前方 20m 左右的路况,VID 过小将导致 HUD 的显示图像与道路不在同一平面上,此时人眼需要在道路和 HUD 图像之间来回切换、调整焦点,导致驾驶人视觉疲劳。

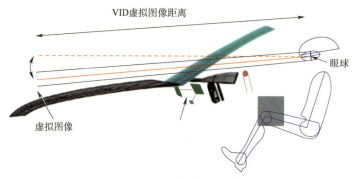

图 2-29　VID 虚拟图像距离

视场角（Field of View，FOV）和视野盒大小，代表成像的可视角度和成像大小，可视角度和成像大小越大，可显示的信息就越多。VID、FOV 和视野盒大小直接影响显示效果，也是 HUD 产品最重要的参数，如 AR-HUD 产品需要达到 10°的水平 FOV 以及 7.5m 以上的 VID，而目前主流的 W-HUD 产品仅实现 6°的水平 FOV 和不到 3m 的 VID。为了实现更大的 VID、FOV 和视野盒大小，需要让投影虚像在光机内反射足够的距离，这将提高 HUD 的结构复杂度和体积，增加整体成本。目前，成像距离、大小和 HUD 体积、成本之间的权衡是 HUD 普及的一大挑战。

3）AR-HUD 与路况的融合

实现这一特性需要通过前视摄像头对前方的道路情况进行解析建模，得到对象的位置、距离、大小，再把 HUD 需要显示的信息精准的投影到对应的位置，让人眼、HUD 显示面、真实道路在一条视线上，从而达到沉浸的 AR 体验，这需要强大的运算能力。由于虚拟和现实结合且都是动态的，一旦成像效果无法被固定和匹配，驾驶人需分辨真实和虚拟动画，会产生眩晕，导致注意力分散。

4）驾驶人视线追踪

人眼、HUD、道路三点一线还有一个极其不稳定的因素，就是眼睛的位置。驾驶人的高矮、坐姿、头部位置等都会影响眼睛的位置和视线的方向。这种情况下，要时刻保持良好的 AR 显示效果还必须通过摄像头对驾驶人的视线进行实时追踪，并调整 HUD 的显示位置。目前看来，这个要求对算法和运算能力都带来了很大的挑战。

5. 发展趋势

第一，AR-HUD 技术。真正安全且不会疲劳的 HUD 必须是宽视角、VID 超过 7.5m 的 AR-HUD，只有 AR-HUD 具备感知、实时融合道路景象的功能，适合加入 ADAS 信息和高级导航信息，如图 2-30 所示。

第二，3D-AR HUD 技术。3D-AR HUD 使用立体视觉中两眼聚合的视觉距离（CID），而非传统的光学虚像距离（VID），不需依赖凹面镜来放大 VID，未来将朝向无光学系统的方向发展，其体积将大幅度地缩小，并可置于仪表台任何地方，显示于前风窗玻璃的任何地方，达到全前风窗玻璃显示的效果。比如，主驾驶正前方的主 3D-AR HUD、其左右两旁显示左右后视镜画面的 HUD、前风窗玻璃中央上部显示车内后视镜画面 HUD、副驾驶正前方显示副驾驶专用娱乐 HUD 且其画面只有副驾看得见,驾驶人看过去仍是全透明的前风窗玻璃等。虽然电子左右后视镜或电子车内后视镜都是未来的潮流,但由于 2D 显示缺乏距离感,其效果难以取代玻璃镜的传统后视镜,使用双镜头搭配 3D-AR HUD 显示,将使得电子左右后视镜、车内后视镜具备与传统玻璃镜相同的距离感,有助于全面取代传统玻璃镜左右后视镜与车内后视镜(图 2-31)。

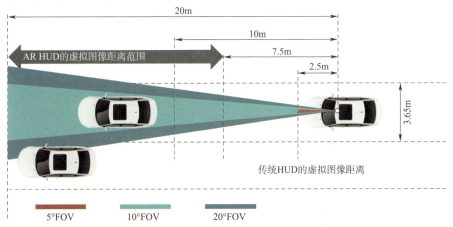

图 2-30　AR-HUD 的 VID 和 FOV

图 2-31　3D-AR HUD 应用场景

车辆与驾驶人间的互动沟通是安全行车的根本,也是未来的发展趋势。HUD 是驾驶人与车辆互动沟通最安全的方法,传统凹面镜光学 HUD 受物理限制,其实际效果受限,经过不断的研发改善与技术突破,3D-AR HUD 突破原理限制,既可显示在前风窗玻璃任何位置,又可无限动态对准路况真实距离,从而大幅提高驾驶安全性与体验感。因此,3D-AR HUD 是 HUD 发展的趋势。

三　座舱安全舒适系统

1. 概述

对于传统的汽车,驾驶人在开车之前需要先进行调节座椅、后视镜、倒车镜、空调等一系列操作才能起动汽车,以保证车辆安全行驶。汽车座舱是与驾乘人员直接接触的空间,车内环境是影响驾驶人安全驾驶车辆重要因素和乘客乘坐体验的首要因素。由此可以将座舱安全舒适系统定义为座舱中为让驾驶人更方便、快捷、舒适和安全驾驶车辆,乘客有更舒适的体验感而配置的相关软硬件,这是广义上的座舱安全舒适系统。

　　智能座舱系统在驾驶人入座之前就能提前识别出驾乘人员的身份,根据驾乘人员的喜好来调整头枕位置、驾驶模式、转向盘高度,甚至可以通过检测驾驶人的体温来调节空调温度的大小等,提供符合其个人喜好和车辆氛围的交互界面。让驾驶人"解放双手",告别烦琐,轻松上路。车载信息显示系统也属于座舱安全舒适系统的一部分,车载信息显示系统将车辆状态、设备信息、360°环视、车内监视、报警信息、胎压监测、ADAS、DSM、空调等所有信息都集中到显示屏上,从而整合仪表台上纷杂凌乱的显示面板,对驾驶人关注的信息进行有效整合,根据驾驶人需求在核心区域或 HUD 上进行显示,引导驾驶人聚焦安全驾驶。除此之外,智能座舱安全舒适系统主要包括 DMS、空调系统、智能座椅、智能电子后视镜和透明A柱以及实现人机交互和情景感知的配置等,即狭义的座舱安全舒适系统。DMS 驾驶人监测系统完成驾驶人的身份识别、疲劳驾驶和危险动作等影响安全驾驶的行为并进行相应的提示;空调系统为座舱内的驾驶人提舒适的气候和清新的空气,保证良好的安全的舱内环境条件,同时为乘客提供良好的体验;智能座椅为驾乘人员提供更合适身高体型且安全和舒适的驾驶座椅;智能电子后视镜和透明A柱为驾驶人减少了视觉上的盲区等,这些配置与智能座舱的融合后,更多涉及安全的信息将会反馈到座舱,其根据情况作出相应的反馈,提醒和警示驾驶人,保证安全驾驶,最终据情况由智能驾驶系统进行接管。下面将逐一对 DMS、空调系统、智能座椅、智能电子后视镜和透明A柱等功能展开讲述。

2. DMS 驾驶人监测系统

　　DMS 驾驶人监测系统是通过汽车驾驶舱内摄像头和近红外技术,全天候从驾驶人脸部、眼部、嘴部、手部、体态等细节特征,即闭眼、凝视方向、打哈欠和头部运动等动作和行为来检测驾驶人身份以及在行车过程中的状态,识别疲劳驾驶、危险动作和不规划驾驶等异常驾驶状态,并出现情况能及时以语音、灯光等方式进行提示,起到警示驾驶人,纠正错误驾驶行为,防范驾驶严重事故作用的信息技术系统,如图 2-32 所示。

图 2-32 驾驶检测系统示意图

DMS 动图

1) DMS 的分类

　　DMS 系统按技术路线可分为基于监测车辆信息间接监测驾驶人状态的方案、基于生物传感器的驾驶人监测方案和基于视觉传感器获取驾驶人行为信息进行直接监测三类。

　　(1)基于监测车辆信息间接监测驾驶人状态的方案。该方案通过测量转向盘上抓握力或直接利用 LDWS 系统的行车数据,获取车辆偏离车道的时间和偏离程度,进而分析推算驾驶人的疲劳程度或者是否分心,如图 2-33 所示。该方案成本低,但是该方案并不直接监控驾驶人,而是通过驾驶数据间接推测驾驶人状态,难以准确评估驾驶人的疲劳与分心状态,容易导致误报。

(2)基于生物传感器的驾驶人监测方案。该方案仍处于早期阶段,是基于生物传感器监控驾驶人生理指标的技术方案,利用部署在转向盘或安全带上的电容传感器等设备对生理指标数据进行分析,进而推断驾驶人当前状态。基于驾驶人生理反应特征的检测方法一般采用非接触式检测途径,利用实时图像处理技术,跟踪和分析眼睑状态和眼睛注视位置。

(3)基于视觉传感器获取驾驶人行为信息进行直接监测方案。人在疲劳的时候会有比较典型的面部表情或动作特征,如较长的眨眼持续时间、较慢的眼睑运动、点头、打哈欠等。该方案正是利用这一点,首先挖掘出人在疲劳状态下的表情特征,然后提取出面部特征点及特征指标作为判断依据,再结合实验数据总结出一套识别方案,最后输入获取到的驾驶人数据进行识别和判断,如图 2-34 所示。

图 2-33 通过监测车辆信息间接监测驾驶人状态示意图

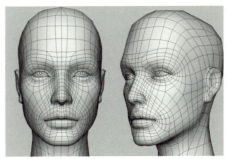

图 2-34 基于视觉传感器获取驾驶人行为信息进行直接监测方案

2)DMS 的功能

(1)DMS 的检测功能。

DMS 要求有驾驶人身份识别、疲劳检测和危险行为监测,驾驶人身份识别是基于图像的生物特种识别技术,预先采集驾驶人人脸特征(可多个驾驶人),对驾驶人进行身份识别和有效管控。疲劳检测如图 2-35 所示,是通过非接触的方式完成人脸检测、头部特征检测、眨眼检测和眼神检测等,同时跟踪变化,提取症状实现对驾驶人疲劳检测。

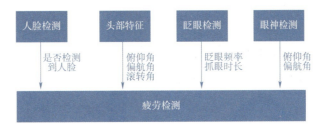

图 2-35 疲劳检测

视频威盛 DMS

①人脸检测:其过程又分为人脸定位、人脸识别和人脸跟踪。人脸定位的作用是在图像中通过识别面部特征点以检测人脸并标记出位置。人脸识别的作用是将在新图像中检测到的面部数据和已储存的数据进行匹配。人脸跟踪的作用是在每帧图像上跟踪之前图像帧里

发现的人脸。

②头部特征:由三个姿态角构成,基于系统软件设计头部跟踪系统以图像中脸部区域为输入,通过检测出的面部特征点结合默认的头部模型,可以得到大概的头部姿态。通过进一步跟踪已发现的面部特征和寻找到的更多特征,可以获取更多的数据用以添加到头部模型中,进而更新头部的几何特性。系统运行中,此过程不停地循环,从而以三维姿态角持续输出头部的当前姿态。

③眨眼检测:根据识别出的人脸和头部姿态进一步识别出眼睛的位置及其状态,主要用于进行疲劳状态和注意力是否分散的计算。其中,利用眼睛开度等信息基于系统软件来判断疲劳状态,包括眨眼信息(速率与时差)和眼部信息(开与合)。

④眼神检测:利用视线方向来判断驾驶人是否注意力分散。根据之前得到的头部姿态可以推算出大概的视线方向。在瞳孔、角膜能够良好识别的情况下,可以进一步根据普尔钦斑点计算出准确的视线方向。再根据系统内搭建的相关零部件布置数据,就可以知道当前驾驶人的观察目标。

⑤危险行为监测:在驾驶过程中,驾驶人一切注意力不在驾驶上的行为都称为危险驾驶行为。例如,低头找东西,看窗外的风景,接打电话,抽烟,喝水,未系安全带、故意遮挡等。对于这些异常情况,可以将其分为两种:头部姿态检测和异常动作识别,如图2-36所示。

⑥头部姿态检测:得到人头姿态角度,一般有两种方法:第一种是人脸上关键点的坐标全部已知,使用相关的算法可以直接拟合出人头三维角度;第二种是使用标记好的Yaw、Pitch、Roll三个角度的人脸图片直接训练一个小型网络,网络输出层直接回归三个Float量,简单粗暴,精度较高,训练数据集直接使用开源人脸数据集,无须标注。例如,检测到驾驶人低头或者看窗外

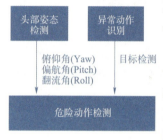

图2-36 危险行为监测

都是跟人头有关的姿态发生变化,得到人头姿态角度变化,但能够区分车辆转向时驾驶人观察后视镜等情况与分神驾驶状态的看窗外的姿态区别。

⑦异常动作识别:识别打电话动作、喝水动作、抽烟等动作,如果单纯地将其是作为动作行为识别,使用相关算法由于消耗资源很严,所以一般采用两种比较简单的方法。一种方法是将此类的动作识别视为目标检测问题,如打电话识别,就将手机视为待检目标,喝水检测就将水杯视为待检目标。这种方法思路很简单,但是有一个缺点。例如,DMS摄像头如果装在汽车左侧A柱,驾驶人右手打电话,这时候成像画面中是看不到手机的,所以这种场景下检出率不高。另一种方法是将动作识别视为单帧图像分类任务,采集多种动作行为下的图片,人工标注监督信号进行训练,使用分类器判断最后的动作分类。例如,喝水、打电话等动作都属于动作识别,如果通过一个动作识别的算法识别出此类动作,则系统发出报警提示。

(2)DMS的主要警示功能。

DMS能够在白天、夜晚、黄昏和黎明等不同光照条件下和下雨、晴天、雪天等气候条件下,驾驶人佩戴帽子、眼镜、墨镜等情况下实现时时检测,从而实现以下主要警示功能:人脸识别、左顾右盼分神提醒、打哈欠报警、疲劳驾驶报警、打电话警示、抽烟提醒和遮挡/离岗警

报等主要的具体功能,如图 2-37 所示。

图 2-37 DMS 的功能示意图

①人脸识别在主要是对驾驶人员进行识别和认证管理,在开始行驶前检测到非指定驾驶人驾驶车辆的情况下,进行报警提示和数据上传;定时或驾驶人离开监控画面再返回等情况下能主动抓拍驾驶人正面照片等,检测到驾驶人离开监控画面再返回时,能将重新出现的驾驶人面部特征与离开前的驾驶人面部特征相对比。若驾驶人面部特征不同,则产生驾驶人身份异常事件,同样进行报警锁定车辆和数据上传,做到人车协同管理。

②左顾右盼分神提醒是针对驾驶人低头看手机、侧头拿其他物体、与他人谈笑等情况,检测到驾驶人视线偏移超过 1.0s(此阈值时间各厂商在系统设置时会不一样),将进行有效监控和干预提醒。

③打哈欠报警是当驾驶人在行车过程中连续打哈欠时,检测到打哈欠超过 0.8s(此阈值时间各厂商在系统设置时会不一样),发出报警提示。

④疲劳驾驶报警是通过实时监测分析驾驶人脸部表情、眼部变化来判断驾驶疲劳驾驶状态,如闭眼睛、低头、打瞌睡等,及时发出相关报警信息,提醒驾驶人注意休息。例如,检查到驾驶人闭眼,则分为两个等级进行不同预警:闭眼 0.8s 触发 1 级预警,闭眼 2s 触发 2 级预警。检测到驾驶人低头超过 1.0s(此阈值时间各厂商在系统设置时会不一样),触发报警。

⑤打电话警示是当车辆行驶过程中,当检测到驾驶人手持电话与他人通话时,发出报警信息。

⑥抽烟提醒是当驾驶人在行车过程中,检测到其有吸烟行为时,发出报警信息。

⑦遮挡/离岗(无人)警报是当不明物体遮挡摄像头,或检测到驾驶人面部被遮挡或严重偏离以及检测到驾驶座位上没有人时,触发报警信息。

此外,在系统报警时将根据车速阈值进行报警分级:当车辆速度低于报警分级速度阈值时,若检测到驾驶人疲劳驾驶、分神驾驶、抽烟以及接打电话,产生一级报警,同时进行语音报警提示或者显示报警提示,部分车辆可实现安全带收紧进行警示。当车辆速度高于报警分级速度阈值时,若检测到驾驶人疲劳驾驶、分神驾驶、抽烟以及接打电话,产生二级报警,同时进行语音报警提示或者显示报警提示。产生报警时,系统应向后台发送报警信息,报警信息需包含报警级别。所有异常行为引起的报警均为二级报警。若报警级别为二级报警,则系统还需保存报警点至少包含驾驶人面部特征的照片和视频[具体要求依据《道路运输车辆卫星定位系统车载视频终端技术要求》(JT/T 1076—2016)],并上传至后台。在技术上,DMS 还可实现手握转向盘检测或者座椅占用监测(安全带检测、小孩留在车中)等各项与安全相关的功能,以保证座舱提供更加安全的驾乘空间。

3) DMS 系统的工作原理

基于人脸识别的疲劳驾驶检测系统是采用的摄像头图像传感器的图像处理和分析技

术,通过摄像头实时监控和监测驾驶人脸部特征变化、头部活动及身体上半部分的反应和动作,根据预先设计好的检测标准,通过人工智能算法评判出驾驶人的疲劳的程度和不良驾驶行为,当达到某一预设报警标准时,设备会迅速作出分析判断,及时发出相应报警提示,如图2-38所示。

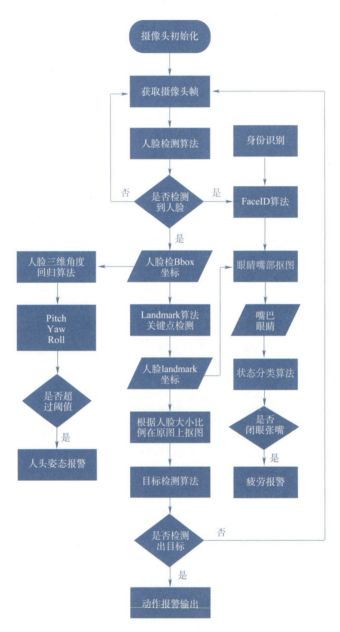

图2-38 DMS的工作原理示意图

3. 空调系统(HVAC)

空调系统是通过对汽车座舱内空气进行制冷、加热、换气和净化,确保舱内保持最适宜的环境(气流、温度、湿度、压力)、可接受的内部噪声以及新鲜清洁空气的安全舒适的环境,从而可以满足乘用舒适性、操纵方便性、使用安全性等方面的要求,为驾乘人员提供舒适的乘车环境,降低驾驶人的疲劳强度,提高行车安全。

空调取暖系统主要部件为热交换器,主要用于取暖,对车室内空气或由外部进入车室内的新鲜空气进行加热,达到取暖、除湿的目的。传统汽车和混合动力汽车主要充分利用发动机的冷却后的冷却液的余热进行制暖,而电动汽车采用PTC加热器加热冷却液或直接进行加热空气以达到良好的制暖效果。而直接式热泵型空调系统的制热,基本都是通过四通阀来实现热交换模式,直接式的热泵空调系统是将直接通过切换后的,相应的制冷模式下的车外冷凝器在制热模式下用作蒸发器,车内蒸发器在制热模式下用作冷凝器将热量由车外带入车内,如图2-39a)所示;补气增焓直接式热泵空调系统与只是在压缩机多了一个吸气口,即压缩机采用两级节流中间喷气技术,采用闪蒸器进行气液分离,实现增焓效果。它通过中低压时边压缩边喷气混合冷却,然后高压时正常压缩,提高压缩机排气量,达到低温环境下提升制热能力的目的,如图2-39b)所示。而间接式热泵空调系统改由两个三通阀来实现热交换模式,同时通过增加PTC进行辅助加热,如图2-39c)所示。

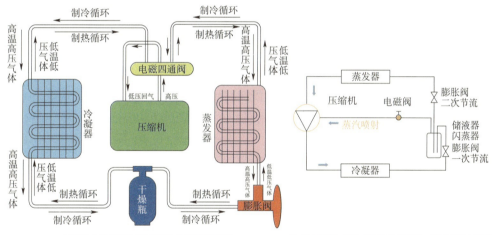

a) 直接式的热泵空调系统工作原理示意图　　b) 补气增焓直接式热泵空调系统工作原理示意图

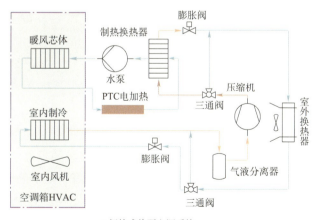

c) 间接式热泵空调系统

图2-39　热泵空调系统工作原理示意图

空调通风系统是从汽车外部引入一定量的新鲜空气,并将车内污浊的空气排除室外,同时还可以防止车窗玻璃结霜。其基本组成如图 2-40 所示,包括吹面风道、除霜风道、侧除霜盖板、侧除霜风道、车内风箱总成、内外循环电机、调速模块、模式电机、冷暖电机、鼓风机、仪表侧出风口和仪表中央出风口等。同时通风方式分为自然通风、强制通风和综合通风。

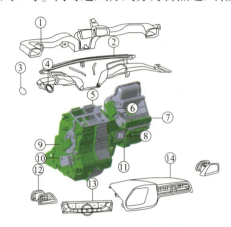

图 2-40　空调通风系统组成

1-吹面风道；2-除霜风道；3-侧除霜盖板；4-侧除霜风道；5-车内风箱总成；6-内外循环电机；7-空调滤芯；8-调速模块；9-模式电机；10-冷暖电机；11-鼓风机；12-仪表侧出风口；13-空调控制器；14-仪表中央出风口

目前,智能座舱空调的控制系统主要是能使驾驶人通过控制面板或触屏输入指令,或通过手机 App 远程输入指令完成空调系统电源的接通、相应功能的开启,如制冷、制热、除湿、通风净化等(图 2-41),以及通风模式、出风口模式和风速大小等。同时,系统根据闭环完成相应的控制,以保证系统在任何情况下都能有效的工作。

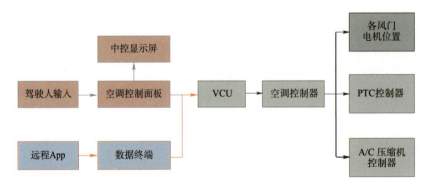

图 2-41　空调的控制系统工作原理图

4. 智能座椅

汽车座椅是乘客使用汽车过程中与人体唯一全程直接接触的零件。随着汽车工业的发展和人们对于汽车驾乘体验要求的不断提高,汽车座椅不仅需满足乘坐和装饰要求,更关系到驾乘人员的舒适性和安全性。现在的汽车座椅是需满足人体工程学、电子信息学、电路、控制工程、安全碰撞要求的复杂工程部件。汽车座椅是支撑驾乘人员人体的主要部件,其主要的作用是承载驾乘人员的重力,为其身体提供支撑。汽车座椅的舒适性对驾驶汽车具有很大的影响。

智能座椅的出现是给驾乘人员一个更好的环境体验,这将满足用户定制的需求,驾乘人员可以根据自己的需要选择座椅的排布和样式,个性化的汽车座椅逐渐趋向于流动性和舒适性的设计。它会更加偏向于便捷拆分、拼接使用和座椅的舒适度调节,在相对宽松的空间下,座椅通过移动拼接变成床,还可以根据座舱内成员的需求,选择任意调节模式实现用户需求,比如在车内开简单会议就可以将座椅对向排布来实现开会的功能。

智能座椅

1)智能座椅的组成

汽车座椅一般是由面套总成、发泡、弹性元件、调节机构、骨架、头枕等组成。智能网联汽车催生了一些全新应用场景,如休闲、娱乐、社交和健康等。传统的座椅控制系统无法满足人们新的需求,更安全、更舒适、智能化及健康化体验将成为未来智能座椅的方向。如图 2-42 所示,智能座椅包括靠背、座椅暖通空调、智能靠垫、头枕、坐垫等。配有 AI 学习功能的驾驶舱在深度学习后可以读懂驾驶人的用车意图和习惯。

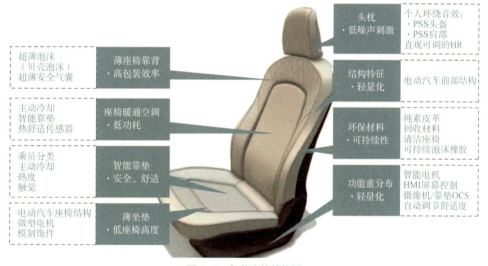

图 2-42 智能座椅结构图

2)智能座椅的功能

智能座椅主要具备以下功能:

(1)位置调节功能。同一款汽车座椅需要满足身高和体型不一样的驾乘人员的驾驶和乘坐需求,而且每个驾驶人的驾驶习惯也不尽相同,所以应具备调节乘坐位置的功能,包括座椅前后调节功能、座椅高度调节功能、座椅角度调节功能、头枕上下调节功能等。

(2)按摩功能。为了能更加有效地缓解疲劳感,部分座椅配备了按摩功能。按摩的方式有机械式、振动式、气袋式三种。座椅按摩功能通过周期性地调节和改变座椅型面对人体的支撑位置和支撑力度来改变驾乘人员身体受力的情况,实现减轻驾乘人员疲劳感的功能。

(3)腿部支撑功能。为了缓解驾乘人员在长期驾驶的过程中,腿部姿势单一导致的酸疼不适,很多高档汽车座椅配备了腿部支撑功能。在车内空间有限的情况下,为了满足人体工程学的要求,汽车座椅腿部支撑功能一般是由座椅结构内部的电动或者气动系统来实现的。

在电机或者气动系统的作用下,座椅骨架中的腿托支撑机构按照乘客需求改变位置和角度,实现对不同位置的驾乘人员小腿的支撑,从而减轻单一坐姿位置导致的腿部不适感。

(4)加热功能。为了提高座椅的适用性,适应低温工况,座椅配备了加热功能。一般可以在座椅上布置加热垫来实现座椅加热功能。加热垫有两种常见布置方式:一种是将加热元件粘贴在发泡零件上;另一种是将加热元件缝合在座椅面套夹层中。加热元件布置了带有加热丝的无纺布,打开车内座椅加热开关后加热丝通电,根据焦耳定律,加热丝电阻产生热量,使座椅在短时间内逐渐升温。一般加热垫内设置有温度传感器,可以监控座椅温度的变化,从而控制加热元件的通电和断电,使座椅加热的温度处于合适的范围。

(5)通风功能。汽车在夏天烈日暴晒的情况下,车内和座椅表面的温度可以达到50℃以上。为了提高座椅的适用性,座椅配备了通风功能来适应高温工况。座椅通风功能可以通过制造座椅和人体接触表面的空气流动,增加人体表面汗液的蒸发,降低人体表面温度,使驾乘人员有凉爽的感觉。通风功能有两种实现方式:一种是吸风,另一种是吹风。座椅通风的原理是利用风扇向座椅内部吸入或者排出空气,使空气从座椅发泡和面套上的通风孔中流出或者流入,实现通风功能。

(6)为了追求极致的舒适感,智能座椅还可以支持更多的座椅姿态调节,除了水平、高度、靠背常规调节,还支持旋转、腿托、肩部、侧翼等方向调节来实现舒适坐姿,智能座椅同时支持加热、通风、按摩、记忆、迎宾等功能。目前,汽车座椅除了满足基本的乘坐功能外,正在朝智能化、更好的舒适性和感知性、娱乐化和座椅定制和个性化的方向发展。

(7)记忆功能座椅。为了适应于不同的乘客使用偏好,座椅装备记忆功能。具备记忆功能的座椅能按照用户个性化设置,自动完成座椅的位置和姿态调整。座椅记忆功能是一个人性化的配置,它能记忆座椅的位置、调节的角度、后视镜设置等,也就意味着记忆了特定用户的驾驶设置。当其他用户调节了座椅位置后,该用户可以不用再反复调节座椅各种位置,只需要按下设置好的按钮,就能自动调节到该用户预先设定的座椅位置和姿态。

(8)获取生物信息并调整座椅姿态的功能。为了满足智能化座椅的需求,座椅需要能获取生物信息来调整座椅位置。丰田纺织开发了面向赛车运动的智能座椅。该座椅上搭载了各种温度、湿度和电信号传感器,可以获取赛车手的体温、出汗、心率等情况,根据这些信息对赛车手状态分析和管理,并调整座椅的位置和姿态。获取生物信息并调整座椅姿态的功能也可以用于商业化量产汽车。布置在座椅上的温度、湿度传感器获取驾乘人员的温度和出汗情况数据,并以这些信息作为通风和加热功能启动和停止的指示信息。监控获得的心率情况等生理信息还可以作为无人驾驶汽车中驾驶控制模式切换的输入信号指标。

(9)个性化沉浸式声音体验。一些汽车座椅设计公司采用将低频声音从座椅直接传递给人体的方式,实现深度沉浸式和定制化的音乐体验。例如,泰极爱思与日本歌乐株式会社合作开发的具有信息传递功能的 Infoseat 系统,该系统有麦克风和扬声器,具有音乐及提醒功能。声音可以直接传递给乘客,不打扰他人,不分散驾驶人的注意力。该系统还配备头枕交互式麦克风,能提高音响的效果。

(10)座椅面料的娱乐化和功能化。座椅面料具有更加娱乐化和功能化的趋势。例如,丰田纺织采用新型布料,该布料的面料中含有光纤,可以按照用户需求改变颜色,增加座椅的感知性和娱乐性。

3）智能座椅的新技术

为了满足人们对不同应用场景的要求，智能座椅识别到相应的场景后，快速调整座椅到合适姿态。智能座椅与传统座椅的另一个重要的区别是智能座椅更懂得用户，它会实时监测驾乘人员的生理指标，包括人体温度、心率及呼吸频率，并分析驾乘人员的健康状态，当识别到生理指标异常时，智能座椅可以主动提供按摩、降温或加热来帮助驾乘人员恢复到健康舒适的状态。采集到的生理特征数据也可以传送到云端对驾乘人员进行健康管理，让驾乘人员实时了解身体状况。

原始设备生产商（Original Equipment Manufacturer）和供应商的每项研究都在进行一些应用程序创新。例如，使座椅结构比铝钢或高级金属轻30%～40%；在其他结构部件中使用更多可回收的聚丙烯；使用由再生材料制成的生物基聚氨酯泡沫；透气或更防水的座椅表面；内置香味设计，旨在增加幸福感；利用仪表板上的多功能显示屏折叠座椅；座椅自动折叠到地板上，创造出一个几乎完全平坦的表面；电动驾驶人座椅安装在弯曲的轨道上，省去了复杂的机构；控制台直接安装在不固定在座椅之间的座椅结构上；可与倾斜机构结合使用的细长倾斜式头枕；喷墨印花面料技术，可为用户定制面料的颜色和图案；印刷智能电路在安全带、USB充电等功能上的应用无线充电USB端口和独特的可伸缩杯架；智能座椅后工作台，适用于Office on Wheels应用；集成式座椅加热/冷却装置，更加舒适/方便；无线电源和数据，可在100%的时间内减少布线连接的需求；座椅夜间照明结合环境特征；后座乘员提醒；具有变色特性的集成式智能织物，用于欢迎功能和功能指示；自动座椅前调节，可根据人体尺寸在人体工程学上正确地调节座椅位置；INTU系统采用乘客的生物特征测量以监控健康状况并调整座位位置；转向盘和座椅上的触摸感应定向棒球式针迹，可实现控制功能；驾驶人坐垫中的振动或触觉警告，以警告驾驶人；使用纤维增强的复合材料后架，提高包装效率；用于乘客通信的头枕噪声控制。

近年来，智能座椅出现了以下创新的设计。

(1) 商务设计。如图2-43所示，座椅未来将可以前后左右更灵活地移动，配合360°旋转功能，座舱随时可变成面对面会晤聊天的空间。

图2-43　商务座椅设计

(2) 亲子设计。设置婴儿座椅，并可360°旋转，同时增加独立的婴儿用品空间，为育婴家庭打造一个温馨的移动空间，如图2-44所示。

图2-44　亲子设计

（3）性别设计。男性和女性对于空间的需求是不同的，未来座椅配合性别，增添很多功能，比如针对女性，增添鞋空间、化妆空间等，如图2-45所示。

图2-45　女性电动车内部座椅

另外，现代智能座椅还融入了以下新技术：

（1）座椅安全性技术。一方面，采用大面积安全气囊保护，作为汽车上的被动安全装置，安全气囊在对驾乘人员的保护中发挥了重要的作用。由于目前大部分汽车座椅都是朝向汽车前进方向的，当发生事故时，内置在中控台和转向盘中的安全气囊可为驾乘人员提供安全保护。而在未来，汽车智能座舱将有多种驾驶模式，前排座椅可实现旋转调节，对于这种模式，现有的安全气囊将不再能为驾乘人员提供安全保护，因此布置在座椅内部的大面积安全气囊保护将是未来座椅安全的有利选择之一。图2-46所示为座舱安全解决方案，它通过重新设计更大的气囊弱化线区域，增大座椅侧气囊体积和展开面积，实现更大范围保护后排乘员的功能。对于前排座椅旋转后场景，将气囊置于安全带内或使用饰板包裹在安全带上，展开后最大限度增加驾乘人员前部接触面积，以减小安全带局部压力。另一方面，采用驾乘人员安全监控技术，如图2-47所示。目前应用在座椅上的安全技术大部分只是在车辆发生事故时被动地去保护驾乘人员安全，缺乏主动感知驾乘人员状态以调整安全装置的能力，而驾乘人员安全监控技术具备感知驾乘人员状态、动态调整安全装置的能力，能在未来座椅拥有更多自由度的情况下，为每一位驾乘人员提供更安全的保护。它的工作原理是通过摄像头、座椅传感器等对驾乘人员的乘坐姿态进行监控，通过估计不同座椅位置处的驾乘人员的乘坐姿态，动态调整安全气囊的部署策略，避免驾乘人员离安全气囊的部署点过近，造成碰撞事故中因安全气囊造成的驾乘人员受伤。

图2-46 采用大面积安全气囊保护

图2-47 驾乘人员安全监控技术

（2）座椅的舒适性技术。就目前来说，提升座椅的舒适性主要是通过采用更柔软的材料、增加加热、通风及按摩等功能来实现。但在未来智能座舱的多模式场景下，这些已不能满足人们对于座椅舒适性的要求了。未来人们对于座椅舒适性的追求更多的是希望能有更多的自由度。在未来智能驾驶的环境下，座椅的灵活性设计所带来的乘驾场景的增多，能更好地满足人们对于座椅舒适性越来越高的要求。未来座椅灵活性设计不仅仅是简单地增加座椅调节的向数，而是实现座椅在车内的自由调节，如可设置纵向长滑轨及横向滑轨，无论是前排座椅还是后排座椅，均可实现前后左右的自由调节。此外，在空间维度上，座椅也可进行360°旋转调节，能实现驾驶场景、家庭场景、会议场景、独享场景四种场景模式，如图2-48所示。

图2-48 座椅的灵活性

（3）座椅的轻量化。在整车轻量化的行业背景下，汽车座椅作为汽车的重要内饰件，对其进行轻量化设计能大幅减小汽车质量。座椅的轻量化主要从材料轻量化及设计轻量化两个方面去进行。对于整椅来说，座椅骨架在整椅中质量占比最大，因此，减轻座椅骨架的质量，可以有效地实现整椅轻量化。座椅材料的轻量化即在不降低座椅强度和刚度要求的前提下，通过使用轻量化的材料制造座椅骨架以达到整椅轻量化的目的。目前，使用高强钢是现阶段量产的最为常见的方式，其减重的方法为通过使用强度更高的钢材，在钣金零部件达到相同的强度的同时，减小零部件壁厚实现减重的。但其在座椅减重方面的表现依旧比较有限,在未来座椅轻量化的要求下,可通过大规模使用更轻的碳纤维等复合材料去制造骨架来达到减重的目的。碳纤维复合材料(CFRP)主要由碳纤维丝束和树脂材料构成,融合了碳元素的化学稳定性,抗腐蚀性和耐久性较好。图2-49为碳纤维座椅骨架,它的靠背为一体成型,零部件数量少,并具有优秀的材料性能,有效减重35%,减少工装投入,缩短研发周期。

就现有的技术而言,座椅的结构轻量化主要是通过座椅骨架的尺寸优化和拓扑优化的方式进行的。尺寸优化主要是在不改变座椅骨架强度及刚度等安全性要求的前提下,通过对座椅骨架局部位置的尺寸、壁厚等进行优化,以达到减重的目的。拓扑优化是指在设计空间内设置适当的孔、间隙和肋板的位置,以达到材料的合理分配。除了以上两种优化方案之外,在不改变座椅功能的情况下,通过优化功能件或者附件也是座椅结构轻量化的一种思路。图2-50为单电机电动座椅,它通过设计一套独特的微电机传动系统,实现了使用1个电机即可完成电机的6向调节,在降低成本的同时,也能在一定程度上实现降低座椅重量的目的。

图2-49 碳纤维座椅骨架

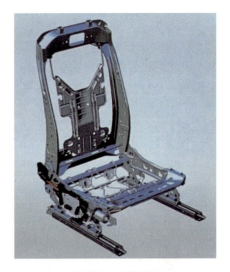
图2-50 电动座椅

(4)座椅智能化。未来的座椅也将是一个智能化软硬件的集合体,如图2-51所示,它与传统座椅的区别在于它具有自主感知、识别、调节及学习能力,能更好地适应并满足乘员需求。智能调节技术的原理是通过视觉摄像头和压力传感器感知驾乘人员体重、身高、关节尺寸等信息,在驾乘人员进入车内后,根据感知的这些驾乘人员信息,座椅可智能调节至合适的位置状态。此外,在未来多场景座舱环境下,座椅也可根据驾乘人员的场景需求命令,快速响应至相应的场景下。不仅如此,座椅还能记住每位驾乘人员的体态特征信息和场景需求,能对驾乘人员提供定制化服务。座椅健康感知技术的原理是通过集成在座椅及车内的传感器,实时去感知并收集乘员心率、呼吸速率、人体温度、头部状态等生理和行为数据,通过分析这些数据判断驾乘人员是否处于晕车、疲倦或者压力状态,并开始进行空调、座椅位置、加热、通风、座椅按摩、车内灯光环境等调节,使驾乘人员恢复健康状态。此外,这些健康生理数据也会不断地传输至云端的健康管理系统,让驾乘人员实时了解自身的健康状态。

图 2-51　智能化座椅

5. 智能电子后视镜

传统车内后视镜是就是一面镜子,而且不同车型的可视范围基本是一致的。如图 2-52 所示,智能电子后视镜是以装备车尾的摄像头和车内显示屏,来代替车内传统光学后视镜的一种新型后视镜。由于智能电子后视镜视角是来源于摄像头,因此与普通镜子相比具有以下优势:在小区、停车场和隧道等狭窄环境行驶时,由于其可视范围更大,后部的视野更好,避免和减少了视觉盲区;在车流较多的高速公路上,扫一下智能电子后视镜,就能完全掌握后方的情况;如果车辆后车窗被遮挡后,也依然能清楚地通过智能电子后视镜掌握后方情况;在夜间低照度下,智能后视镜的增强夜视功能可以提升环境亮度,更准确地了解后方的情况,从而提升行车安全。

图 2-52　智能电子后视镜

6. 透明 A 柱

A 柱是保证汽车安全的重要结构件之一,但是其缺点是造成驾驶人侧面视觉盲区,在转弯和弯道时尤其明显,譬如经过城市路口准备转弯时,因为行车视野角度关系,在短暂的关键时刻通过斑马线上的行人被 A 柱挡住了,很多事故与 A 柱有关,透明 A 柱因此而生。通过外后视镜上的摄像头,将 A 柱盲区图像投射在显示屏上,帮助驾驶人减少行车过程中的盲区,提高行车安全性,如图 2-53 所示。

图 2-53　透明 A 柱

7. 智能照明

照明对安全性和舒适度至关重要,智能照明中的氛围照明和智能动态照明可实现氛围灯控制,进一步提升驾乘人员乘坐的舒适度。此外,车内照明还能够为汽车带来重要功能,特别是在自动驾驶的过程中,驾驶人将无须亲自操控汽车,不必时刻关注路面情况,智能照明将有助于汽车与驾驶人之间的交互。例如,当遇到危险时,智能座舱会迅速将氛围灯调为红色以引起驾驶人注意。

8. 安防服务功能

这主要是针对行车安全和防盗而设计的,包含了路边救援协助、紧急救援求助、车辆异动自动报警、车辆异常信息远程自动上传等服务。这些功能意义很大,关键时刻甚至可以救命。例如,碰撞自动求救功能。在车辆碰撞触发安全气囊后,T-Box 会自动触发乘用车客户救援热线号码,自动上传车辆位置信息至后台,同时后台将发信息给所有紧急联系人,短信中包含事故位置信息及事件信息,让事故车辆和人员得到及时的救援。

四　车载声学系统

随着用户对于座舱个性化体验、人机交互方式等要求不断提高,推动车载声学行业持续升级扩容,同时受益于 DSP 芯片、传感器等智能化声学底层技术的持续突破和软件算法(音效算法、移频算法、声浪模拟算法、车内主动降噪、多区域声场重放、扬声器阵列宽带声场控制等声学信号处理算法)的持续赋能,声学厂商通过硬件感知、软件层面的数字信号处理技术及智能声学部件的执行,可以有效解决声学系统在汽车复杂环境下的声学难点,赋予车载声学系统更大的探索空间,为用户提供更好的声音体验。因此,智能座舱车载声学系统不仅包括早期的车载播放系统,还包括实现语音交互服务系统和氛围灯系统等。

车载声学系统主要由主机、扬声器、功放和提示音系统 AVAS、车载麦克风构成,主机作为控制中心,相当于声源读取和决策装置,扬声器和提示音系统相当于声学执行装置,而车载功放相当于声学信号处理装置。声学装置分部在车内中控中置、A 柱、B 柱、顶棚、车门、行李舱等位置,发出高、中、低频声音信号,为驾乘人员形成环绕的、可个性化定义的声学体验。软件主要包括整车调音技术、声学信号处理技术(如主动降噪、多区域声重放技术、语音交互服务系统)等。

1. 车载播放系统

1）扬声器、功放和低音炮

车载扬声器主要为动圈式扬声器，由振动系统、磁路系统以及辅助系统三个部分组成。车载扬声器可以分为双声道扬声器、三声道扬声器、四声道扬声器和低音炮。其中，双声道扬声器包括一个低频扬声器（Woofer）和一个高频扬声器（Tweeter）；三声道扬声器在双声道的基础之上额外增加一个中频扬声器；四声道扬声器在三声道的基础上额外增加了一个超高频扬声器（Super Tweeter）；而低音炮是单独的增加低频段位的扬声器产品。汽车座舱扬声器为一对到多对、平面到立体覆盖的多声道、多层次输出的系统。

车载功放通过功率放大芯片将音频输入信号进行选择与预处理，实现基本的音频信号放大功能，也可通过加载声学信号处理算法，显著提升车内音响的品质。车载功放分为集成式功放和单独外置功放，在主机和扬声器之间增加外置功放，用于放大音频信号的能量以提升音质。功放逐渐实现小体积、数字化、多功能发展。功放结合算法实现主动降噪，提供更优质的驾乘体验。车载声学系统通过在悬架系统上安装的加速度传感器来测量轮胎和悬挂系统的震动情况，利用 DSP 内集成的算法模块在几毫秒内接收并处理信号，将指令送达功放和扬声器，使低音扬声器发出和噪声频率相同的反向谐波信号，有效降低噪声感知水平。

智能座舱声学系统为其核心交互方式，扬声器定位的不理想会导致来自每个扬声器的脉冲响应效果极差，同时，不同扬声器的脉冲响应也不同。这些因素会导致不精确和不稳定的立体声成像、缺乏清晰度、嗡嗡声和低音不均匀、座椅性能不同以及频率响应问题，因此，扬声器的声学方案配置较传统车需要有较大改进。以问界 M5、蔚来 ET5 为例，在扬声器数量提升的同时，均配套独立外置功放（图 2-54）。车载数字功放系统内置 DSP 处理器，能够实现对整车声场、相位、均衡及声像等方面的调整，提升声音输出品质，配合声学信号处理算法，数字功放产品可实现更多的拓展功能，如声场重构、声像位置校正、扬声器自动均衡、人声音乐声分离、虚拟低音增强、主动降噪、车内语音通话、声浪模拟等。

声学系统

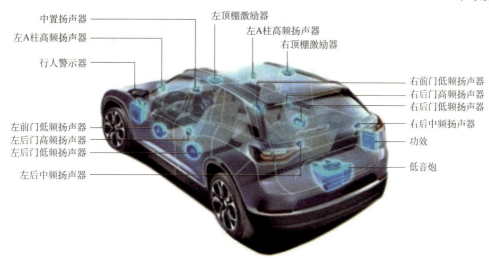

图 2-54　智能座舱扬声器及功放布置图

低音炮经过特殊设计以复现低频音,增强音域提升声学体验。低音炮又称超重低音音箱,负责播放20~200 Hz的声音,渲染低音以复现电影、音乐中的震撼感,给用户带来传统音响不能实现的声学体验。低音扬声器和低音炮不同,低音扬声器是传统音箱中的一部分,通常与高音、中音扬声器一起预装在音箱中,覆盖频率20~2000Hz,较为便携。

2)提示音系统AVAS

电动汽车相比于传统的内燃机汽车要安静,为了保护行人,减少事故的发生,针对电动汽车的低速行驶安全性问题,欧盟规定从2019年7月1日起,所有新电动车和混合动力车都必须配备车辆提示音系统(AVAS),美国国家高速公路安全委员会(NHTSA)、日本国土交通省(MLIT)、联合国欧洲经济委员会(UNECE)世界车辆法规协调论坛(WP29)一致确定在具有纯电动行驶模式的电动汽车上,需配备能够在低速行驶时发出警示提示音的装置(AVAS),以减小和行人发生交通事故的概率。我国于2019年正式实施国家标准《电动汽车低速提示音》规定了电动汽车低速行驶提示音工作的车速范围、声级限值、频率声音类型以及暂停开关等要求和试验方法。

AVAS电动汽车低速提示音系统也称为汽车行人靠近车辆声响警示系统(VSP)是用于电动汽车低速和倒挡提示警示。报警器通过CAN总线获取车速和挡位信息(图2-55),只要开启低速报警开关(暂停开关),可选择直接关闭按键式VSP开关或在屏上的触发关闭图片,那么当车辆时速低于设定值(如20km/h),报警器会发出类似发动机加速减速的声音,倒车时也会发出倒车警示,目的是提醒车外行人和车辆。之所以在低速时启动该系统,是因为时速在20km以上时,车胎和风噪声足以警醒路人车辆在靠近。

图2-55 AVAS结构原理示意图

2. 语音交互服务系统

1)概述

智能化和网联化已经成为汽车行业发展的必然趋势,越来越多的汽车企业正在积极向人工智能、软件服务、生态平台等方向发展,在汽车安全、性能全面提升的同时,使驾驶过程更智能、更有趣。在此过程中,汽车与人之间的交互变得更为重要,如何让人与汽车之间更便捷和更安全地交互,一直是各大车企及相关研究机构的研发方向。智能语音交互就是各大厂商重点推出的功能,能够操控导航、打电话、查找附近好吃的、操作空调和车窗甚至讲冷笑话等,语音交互能够实现的功能越来越多,逐渐取代了物理按键和多点触控成为车厢内主流人机交互方式的趋势。

语音交互服务系统采用了唤醒、语音识别、语义理解等技术实现语音控制,座舱的车设车控、地图导航、音乐及多媒体应用、系统设置、空调等均可通过语音来操作。除了针对车身、车载的控制外,语音还支持天气查询、日程管理以及闲聊对话。语音交互天然有着更安全和更方便的优势,用户只要说唤醒词,语音指令可以一步直达功能,既能解放手指,又无须视线偏移注视车机中控区域,从而保障行车安全。

语音交互

2)车载麦克风

车载麦克风是语音交互服务系统的重要承载部件,是实现驾驶人与汽车的良好交互、避免驾驶人分心、提升驾驶体验不可或缺的重要部分。消费结构升级带动汽车声学系统进一步升级,也会对作为汽车智能系统重要输入部件的车载麦克风的数量与功能提出更高要求。包括小鹏、比亚迪、理想、蔚来等多家车企均上线了车内 KTV 功能,汽车娱乐属性进一步增加,再加上多样化车载麦克风阵列方案,麦克风数量进一步增加。由于汽车内部声音环境受道路噪声、汽车音频等因素影响情况较为复杂,如何通过语音的方式稳定传递车主需求十分关键。多个麦克风通过合理布局是消除封闭环境内回声的合理方式之一,这种麦克风布局方式会进一步增加车载麦克风装配数量。

3)多区域声重放技术

多区域声重放技术是利用不同扬声器在所需要的区域内重建目标声场的技术,准确地还原声场的空间信息,满足人们在汽车上的个性化听音需求。因此,该技术具有较高的应用价值和较多的应用场景,目前主要为能量控制、物理场以及两种技术的混合,头枕、后排音响等是多区域声重放技术的具体应用。以图 2-56 所示的 Bose 颈枕音响系统为例,该系统在驾驶席座椅头枕内部装有一对轻量级 6cm Bose UltraNearfield 钕磁铁超近场音箱,以驾驶席为中心的聆听模式,方便车内只有驾驶人时使用,该模式特别针对驾驶席进行音效优化。

图 2-56 Bose 颈枕音响系统

4)基本工作原理

语音交互不是一个简单的技术,它的难点主要在识别。其基本的工作原理如图 2-57 所示,首先将收集到的语音信号进行处理和特征提取,之后根据发音词典、统计声学模型、语言模型等大量的数据进行对比解析之后,最终输出识别结果进行互动。

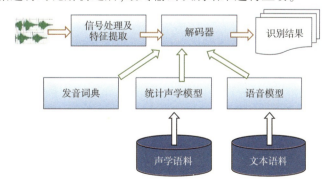

图 2-57 语音识别技术原理

首先，数据是最为关键的。当有了足够多的语音和文本数据后，后端模块则负责让机器学习怎么阅读，比如每个字的读音、连在一起怎么读、什么文字组合是更常用的等，提取出有用的数据模型构成数据库。最终机器在糅合声学模型以及语言模型信息的网络中搜索相应的信息进行解码，输出对应的结果。此外，如何在车内嘈杂的环境中提升识别率也是一大难点。在高速行驶的车内往往会有胎噪、空调声等干扰声，想要单独识别出驾驶人的声音，尤其是分清主副驾驶的声音，需要额外的技术支持，麦克风阵列就是其中之一。麦克风阵列技术通过多个麦克风能够计算声源的角度和距离从而对目标声源进行定向拾取，再经过去混响技术的过滤得到更加纯净的声学信号。其次，就是主动降噪技术，该技术能够有效降低道路和轮胎噪声，即通过车轮安装的传感器不断监测路面振动，计算出抵消噪声所需的反向声波，通过实时监测，即时消除颠簸或粗糙路面所产生的噪声，这样一方面提供安静的驾乘环境从而提升了语音识别效率，另一方面还能帮助驾驶人缓解噪声疲劳，进而增强驾驶安全性。目前，捷豹路虎宣称其最新研发的全新主动降噪系统能够将无效噪声的峰值降低 10dB，整体噪声水平降低 3～4dB，其效果相当于将汽车音响系统降低 4 格。同时，主动降噪系统能够阻止高达 300Hz 的低频噪声，可以有效防止驾驶人在长途旅行中产生疲劳感。再次，在安全带传感器的配合下，系统能够根据驾乘人员的人数及其所在位置，指向性地调节音响的音量及音源，并实时监控驾驶室内情况，不断优化降噪，更好地识别声音来源而语音识别效率，同时打造舒适的驾乘体验。

5）总体架构

语音交互服务系统的总体架构，共分为四个模块：车端系统、云端系统、语音运营管理平台以及训练和分析统计模块，同时要求包括车端到云端链接、数据到功能的构建、Online 的运营平台、线下线上的数据采集和标注，如图 2-58 所示。

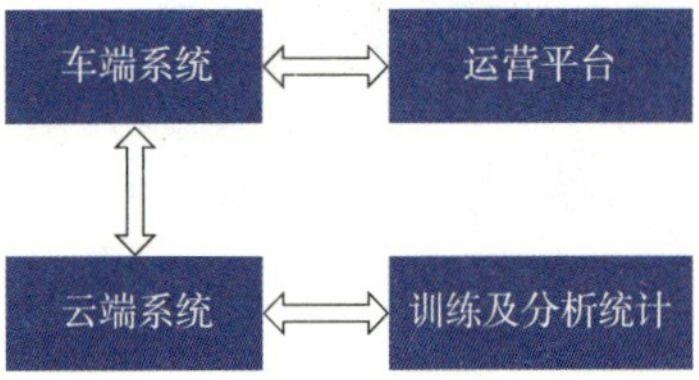

图 2-58 语音交互服务系统总体架构

（1）车端系统。如图 2-59 所示，车端系统以车机系统融合进行呈现，主要由音频处理模块、唤醒模块/本地 ASR、语音控制器语、本地对话系统和 TTS 模块等模块组成。每个模块均包含一个或多个应用，音频处理包括回声消除（Acoustic Echo Cancelling，AEC）、语音端点检测（Voice Activity Detection，VAD）、音频压缩、唤醒词、本地的 ASR 识别等。该模块可以对来自麦克风的原始音频信号进行各种预处理，向语音助手提供获取唤醒信号、预处理后的音频、本地 ASR 识别结果等接口。前端信号处理全部通过软件方案实现。语音控制器是语音对话的中枢控制模块，负责协调车机端对话系统的总体流程。其他模块或者被语音助手调用（音频服务、本地对话系统、TTS 模块、应用程序），或者属于语音助手的组成部分（对话控制器）。本地对话系统（本地 DS）是云端对话系统在车机上

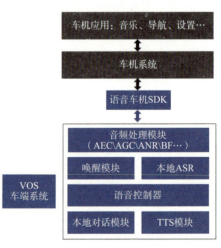

图 2-59 车端系统架构示意图

的一个镜像,负责执行需要在车机上执行的对话处理,如离线无网络状态下的对话功能,基于本地SDK的导航或音乐搜索相关的对话处理或者其他一些本地优于云端的场景下的对话功能。本地对话系统提供了一系列接口供对话控制器进行调用。本地对话系统从云端对话系统相同的基础架构衍生而来,和云端的设计和功能大体相同。但也根据本地的特点和需求进行了变化。如鉴于车机运算资源的匮乏而精简了模型;集成了车机专属的基于SDK的媒体和导航搜索功能。本地对话系统包含语音识别、语义理解、语音合成,系统倾向于支持断网场景下的业务,如车控、打电话等基本场景。本地对话系统的交互入口是语音唤醒,有的唤醒会支持双唤醒词(隐含)。像百度地图就支持"小度小度",也支持"小德小德"(高德地图的唤醒词),容错率更好。本地NLU在无网络状态下,提供基础语义理解服务,考虑到车机端的运算能力,在NLU模型上需做大量的模型裁剪和压缩,并结合车机芯片进行指令集层面的优化,确保将本地NLU的效果最大限度地逼近云端NLU的效果。本地NLU的资源大约是在线的1/10,最大限度地保证了本地的效果。本地TTS模块被语音助手调用,负责将文本转换为语音播报。TTS合成引擎由供应商提供,对话话术的TTS文本通过话术运营系统来制定和编辑,其结果存储在数据库中,供对话系统调用。

(2)云端系统。如图2-60所示,对话系统的云端部分(或者说在线对话系统)由多个部署在云服务上的服务和存储组成。云端向车机提供两种接口:一种是基于TCP的socket流式数据传输接口,用于传输语音数据并给出云端ASR识别结果和对话结果;另一种是基于HTTP的用于发送非语音类消息的接口,云端服务可以部署在各种云服务(如aws、华为云等)的计算节点上,一套部署在具备64G内存的计算节点上的云端节点可以同时支持2万~3万台设备的访问。对话系统的云端部分主要由在线ASR识别对话服务模块接受用户发起的语音对话的音频输入,并给出识别结果。对话服务模块可以接受用户发起的语音对话的文本输入,并给出相应的对话结果,包括TTS文本、要车机进行的操作指令、车机用来屏显的内容等。

模型主要提供各种AI算法的运行模型数据,包括声学模型、语言模型等不同算法不同用途的模型,可独立升级,实现最优的AI处理效果。对于通用领域,模型优化能够带来整体的提升。例如,整体升级声学模型和语言模型,在用户数据积累到一定程度时,如1万小时交互音频数据,可以使错误率下降20%~30%。对于专有领域,模型优化能够实现从极低到极高,甚至实现从无到有的提升,如一些产品强相关的词汇、使用常见的一些专有名词、人名地名等,都可以做特定的优化,达到通用的效果。

云端TTS有别于本地端TTS,基于强大的计算能力,云端使用更大的数据库,技术上使用基于拼接的方案,相比于本地端基于参数合成的TTS,音质更自然;TTS的声音可以进行定制,需要经过文本设计、发音人确认、录音场地和录音、数据筛选、标注、训练等过程。

(3)运营平台。运营平台通过云端和线上对话系统联通,负责以可视化的形式干预对话系统线上的数据和功能。其中主要包含数据运营、功能运营两大类功能。数据运营即数据部分的运营主要针对两部分比较常用的可运营数据:针对系统接入的CP/SP的可运营的内容,如喜马拉雅的推荐数据、黄页数据等,可以在系统中以手动的方式调整数据的内容、排序等。针对企业自有的数据,比如主机厂独有的充电桩数据、服务门店数据,可以有机结合到对话系统中来。功能运营主要是在特定的时间点，比如某些节日或者有特殊意义的日子或者临时发生一些事件时，通过快速干预某些特定的说法的反馈，通过编辑特定说法的 TTS 回复，来实现系统对特殊情况的特殊处理。

图 2-60 云端系统架构示意图

（4）训练及分析。用户数据统计分析系统，通过对所有实车用户使用车载语音的情况进行统计分析，能够得出不同维度、不同粒度的分析报表。定期进行报表的解读和分析，可用得出的结论来指导系统功能的改进。

训练系统是针对音频、文本、图像的采集 + 标注系统，通过定期常规的对线上数据的回收、标注和不定期地对特殊要求数据的采集、标注，生产出各个 AI 模型需要的数据，提供模型训练支持；每次模型训练完毕会有迭代上线，从而实现训练数据系统和线上模型的一个闭环迭代，不断地提升整体的语音产品的能力。在未来车载声学系统有望成为提供隔音静谧性、环绕式座舱体验、虚拟现实浸入场景和完美人机交互的智能座舱核心系统。

拓展阅读

问界 M7 智能座舱解决方案

作为华为与赛力斯携手打造的 AITO 品牌第二款车型，问界 M7 的 6 座大空间布局的智能座舱在目前的座舱中独树一帜。首先，HarmonyOS 把问界 M7 的智能座舱加入了

HarmonyOS 生态领域的智能设备闭环中,在同一账号下,用户可以同时登录车机、手机、智慧屏、手表等智能终端,所有设备也做到了整个操控的逻辑、界面的相互统一,不仅是零上手难度,而且应用间的资源调用也变得易如反掌(图2-61)。简而言之,就是手机与车机 UX 交互保持一致,让用户易上手、好操作。同账号设备支持自动发现、自动连接和手动连接,真正实现了手机应用上车无缝切换到车机,手机里面的软件就可以直接映射过去了,而且会完全按照大屏幕的全新用户界面(User Interface,UI)进行映射,车机里面也会让大屏幕去自适应及匹配应用的控制与显示逻辑,还可以通过语音系统控制,实现车机协同,控制更自如,体验更便利。

图 2-61 手机与智能座舱车机无缝连接

问界 M7

对于车内的语音控制功能而言,最终形态无外乎把智能语音助手彻底变成车内的另一个乘客,而且是可以帮助控制车内软硬件的乘客。问界 M7 首先基础功能上,四音区和连续对话功能,让车内的每一位乘客都可以参与到智能语音控制中来,且无须每次使用都重复唤醒,可以直截了当地下达需求,车内语音助手自动判别音源,执行相关指令,这也是目前业内主流智能车机所能达到的水平。进阶功能则是可见即可说功能,语音助手可以做到对于车内所有软硬件的控制,包括车机内的应用程序,以及车内的空调等各个硬件设备的调控,其智能化水平相当高,对于用户指令的执行也相当到位。最关键的一点在于这套语音助手的信息提取能力,在唤醒之后,用户即使仍在与车内其他乘员进行对话,车机也能自动提取出相关指令,过滤掉无用信息,算是真正实现了让用户在车内无须进行任何手部操作。此外基于安全考虑,在指令发生冲突时,驾驶人的指令权限将高于乘客。

问界 M7 采用三面双层隔音玻璃,配合主动降噪、整车密闭性防护、多层底盘隔震等静音技术,音响方面 Boom-Boom 低音瞬态控制技术,能够完美支撑 1000W 功放的输出。全系主动分频技术、7.1 声道沉浸声场、业界顶级的主驾头枕音响系统以及 ENC 主动降噪功能,配备 19 单元专业级音响(15 车身+4 头枕),带来更好的沉浸式影音体验。同时,车外首次搭载前后双扬声器,提供双通路 27w 较宽音频,提供独树一帜的车外音乐的奇妙体验。

首个商用的 AITO 零重力座椅采用零压感知人体工学设计,打造压力分布超均匀的座椅靠背坐垫比平躺的座椅可以更有效缓解身心压力与疲惫。用户语音或者一键打开即可实现最舒适的零重力坐姿。座椅采用通风棉+50% 以上高压缩率兼低压缩永久变形高弹棉+60% 以上高回弹低密度改性 MDI 发泡三层结构,以高档 Nappa 纹真皮材质,获得柔软表皮触感和卓越的入座舒适感。创新性地采用独创的三轴动态调节,通过六电机驱动的双滑轨联动调整,座椅可实现向后、向左移动,尽可能地把车内前后的空间都巧妙地利用起来,达到极致空间体验。AITO 零重力座椅拥有大扭矩调角器,大角度卷收器,使座椅经过电动调节快速平稳达到零重力状态,打造真正的零压悬浮感。前排及二排座椅均提供座椅按摩、通风及加热功能,加热性能优异,透风效果出众,无惧四季变化,座椅按摩功能让用户告别因长时间驾驶而带来的腰酸背痛。第三排座椅提供独立杯托、音响及阅读灯,并提供六档可调节,照顾每一位乘客感受。

此外,问界 M7 内置 3D 人脸识别摄像头,不仅能识别人脸加载个性化的配置,而且可以实现金融级别的安全性,是首个支持车内人脸支付的车型。

技能实训

DMS 认知与安装

1. 实验目的

(1)解释 DMS 驾驶人监测系统的原理。

(2)操作使用 DMS 驾驶人监测系统,学会调试 DMS 驾驶人监测系统实验环境。

2. 实验设备

(1)威盛 M810 1 个。

(2)显示器 1 个。

(3)鼠标 1 个。

(4)键盘 1 个。

(5)网线 1 根。

(6)摄像头 6 个(SVS 4 个、ADAS1 个、DMS1 个)。

(7)小车 1 个。

(8)卷尺 1 个。

(9)A3 纸 4 张。

(10)Windows PC(最低配置要求)1 个。

(11)CPU:Intel i3 core。

(12)System Memory:8GB。

(13)Graphic Card:DirectX11/OpenGl4.4。

(14)OS:Microsoft Windows7 及以上版本。

3. 实验内容和步骤

(1)打印 4 张校准图案,纸张大小 A3。

(2)将摄像头安装在小车上,前后各一个,左右各一个,如图 2-62 所示。

(3)将打印好的校准图案按下图摆放在小车周围。

(4)测量各个图案间的距离和图案格子的尺寸,记录备用。

(5)M810 上连接摄像头,前 4 个为 SVS,第 5 个为 ADAS,最后 1 个 DMS 摄像头。

（6）给 M810 设置固定 IP，打开终端输入命令：cd /etc/headway；cp iptables.sh /viap。

（7）进入/home/root 文件夹，运行./HolisticLauncher 启动 Demo 程序。

（8）Windows PC 设定固定 IP，IP 地址 192.168.1.100，子网掩码：255.255.255.0，网关：192.168.1.1，DNS：8.8.8.8。

（9）PC 安装 VIA_Mobile360_Calibration_Tool，安装在默认路径。

（10）运行 calibration tool，连接 M810，输入 IP 192.168.1.200。

（11）点击右上角的 dump 按钮，保存一个 vdbg 文件。

（12）打开 Read Compressed File Tool，点击 setting function 按钮，选择上一步保存的 vdbg 文件。

（13）选择要开启的功能，Vechile type 设置为 customized，保存 vdbg 文件。

图 2-62 摄像头安装图

（14）点击 Calibration Tool 界面上的 information 按钮，选择 update initial file，选中刚保存的 vdbg 文件，M810 上的软件重开后 Calibration Tool 上会出现可用的功能。

（15）调整设置。

（16）ADAS 设置。

（17）SVS 设置。

（18）DMS 设置。

（19）点击 Calibration Tool 主界面的 ADAS 开始校准 ADAS 摄像头（单个摄像头可以使用默认设置）。

（20）选择 Calibration Tool 主界面的 SVS 开始设置。

（21）点击 Calibration Tool 主界面的 DMS 调整 DMS 摄像头角度，确保人的头在圆圈内，如图 2-63 所示。

图 2-63 调整 DMS 摄像头角度

(22)调整完成后 Demo 就可以正常使用。

运行 PillarpPlayer，请驾驶人坐在驾驶位，使用 t,g,h,f 调整侦测人脸摄像头对准人脸使用上下左右调整观察地面的摄像头。

微调摄像头的按键：

↑:右边 A 柱画面向上微调。

↓:右边 A 柱画面向下微调。

→:右边 A 柱画面向右微调。

←:右边 A 柱画面向左微调。

1:右边 A 柱画面缩小。

2:右边 A 柱画面放大。

5:右边 A 柱画面逆时针旋转。

6:右边 A 柱画面顺时针旋转。

w:左边 A 柱画面向上微调。

s:左边 A 柱画面向下微调。

d:左边 A 柱画面向右微调。

a:左边 A 柱画面向左微调。

z:左边 A 柱画面缩小。

x:左边 A 柱画面放大。

3:左边 A 柱画面逆时针旋转。

4:左边 A 柱画面顺时针旋转。

t:驾驶人画面往上微调移动。

g:驾驶人画面往下微调移动。

h:驾驶人画面往右微调移动。

f:驾驶人画面往左微调移动。

9:驾驶人画面缩小。

0:驾驶人画面放大。

4．评价总结

(1)组内互评,见表 2-1。

组 内 互 评　　　　　　表 2-1

组员	安全规范			任务完成			团队精神 (1~5分,5分最高)			职业素养 (1~5分,5分最高)	
	差	中	良	优	差	中	良	优	领导 协调	沟通 合作	配合 执行	保持环境 整洁	文明 懂礼
组员 1													
组员 2													
组员 3													
组员 4													

模块二　智能座舱的子系统

（2）自我评价,见表2-2。

自我评价　　　　　　　　　　　　　　　　　　表2-2

任　务	评价等级			
	不会	基本不会	会	很熟练
（1）DMS的认知				
（2）DMS的安装调试				
（3）DMS操控体验				

（3）教师总评（1~5分,5分最高）,见表2-3。

教师总评　　　　　　　　　　　　　　　　　　表2-3

遵守纪律	安全规范	任务完成	团队精神	职业素养	总　评

思考与练习

一、判断题

1. 智能驾驶系统与智能座舱系统是同一个信息处理单元分别进行信息处理的。
（　　）

2. 智能座舱域的整套系统架构与智能驾驶域类似,且两者存在一定的复用性。
（　　）

3. ECU向DCU的电子架构过渡中,车载影音娱乐底层硬件的计算能力快速增强,但不能支持一芯多屏。
（　　）

4. 对于驾驶人需要的基本操作信息,只要打开汽车电源,即可在电子仪表上进行连续的信息显示。
（　　）

5. C-HUD的显示屏通常为放置于仪表上方的一块透明树脂玻璃,结构简单,成本相对较高。
（　　）

6. 车载信息娱乐系统（In-Vehicle Infotainment,IVI）是运用计算机、卫星定位、通信、控制等技术来提供安全、环保及舒适性功能和服务的汽车电子系统。
（　　）

7. 车载信息显示系统也称为汽车信息显示系统是一种能使驾驶人在行驶过程中,通过车载电子装备及时了解汽车运行的状况信息和外界信息的装置。
（　　）

8. 抬头显示简称HVO,也称平视显示系统,是指以驾驶人为中心、盲操作、多功能仪表盘。
（　　）

9. 狭义的座舱安全舒适系统是指包括DMS、空调系统、智能座椅、智能电子后视镜和透明A柱以及实现人机交互和情景感知的配置等。
（　　）

10. 智能座椅主要具备位置调节、按摩能、腿部支撑、加热、通风、记忆等功能。
（　　）

57

二、选择题

1. 智能座舱系统的呈现能力主要是以两个控制域来进行分割的,这两个域是(　　)。
   A. 信息安全域　　　　　　　　　　B. 安全舒适域
   C. 车身控制域　　　　　　　　　　D. 娱乐信息域

2. 目前的新型汽车信息显示系统由(　　)组成。
   A. 车况监测部件　　B. 中控屏　　C. 车载计算机　　D. 电子仪表

3. 语音交互第三时期是智能交互,随着人工智能的发展,(　　)和(　　)是人工智能领域相对成熟的技术。
   A. 语音识别　　　B. 语种识别　　　C. 语义理解　　　D. 方言转换

4. 座椅供应商近年来不得不面对降低成本的压力和产品的差异化发展,因此就产生了一些创新的设计,如(　　)。
   A. 商务设计　　　B. 亲子设计　　　C. 性别设计　　　D. 家庭设计

5. 为了应对未来汽车的发展,座椅作为汽车上与人体接触最为密切的部件,智能座椅未来的发展方向将朝着(　　)进行。
   A. 安全性、舒适性、娱乐性、智能化　　　B. 安全性、舒适性、轻量化、智能化
   C. 商务性、舒适性、轻量化、智能化　　　D. 商务性、舒适性、娱乐性、智能化

6. 车载扬声器主要为动圈式扬声器,由(　　)、磁路系统以及辅助系统三个部分组成。
   A. 振动系统　　　B. 控制系统　　　C. 电源系统　　　D. 线圈

7. 智能座椅的通风功能有(　　)种实现方式。
   A. 一　　　　　B. 二　　　　　C. 三　　　　　D. 四

8. 汽车空调系统主要有(　　)组成。
   A. 制冷系统、制热系统、除湿系统、空气净化系统和控制系统
   B. 制冷系统、除霜系统、通风系统、空气净化系统和控制系统
   C. 制冷系统、制热系统、通风系统、空气净化系统和控制系统
   D. 制冷系统、除霜系统、除湿系统、空气净化系统和控制系统

9. DMS 的检测功能,要求对(　　)进行身份识别、疲劳检测和危险行为监测。
   A. 行人　　　　B. 乘客　　　　C. 前排乘客　　　　D. 驾驶人

三、简答题

1. 什么是 IVI?
2. HUD 的作用是什么?
3. 智能电子后视镜与传统的后视镜相比有什么优势?
4. 简述 AVAS 电动汽车低速提示音系统的功能。

模块三 智能座舱关键模块与核心技术

学习目标

▶ 知识目标：

1. 列举智能座舱核心架构的内容；
2. 描述 T-Box 的功能；
3. 叙述智能座舱域控制器的发展趋势；
4. 解释智能网关的定义；
5. 说明车载以太网协议架构；
6. 列举语音交互核心技术。

▶ 技能目标：

1. 能够分析 T-Box 的基本功能；
2. 能够分析域控制器技术及作用；
3. 能够进行车载以太网的搭建。

▶ 素养目标

1. 通过小组分工合作，强化自我管理，培养学生的集体意识和团队合作精神；
2. 通过小组分工查找目前我国智能座舱产业的现状，分析产业优势，激发学生爱国情感，提升民族自信和自豪感。

建议课时

12 课时

  智能座舱核心架构

1. 概述

从技术角度上看，智能座舱主要通过硬件和软件来实现智能化和网联化两方面的功能。智能化方面，具备智能的人机交互，如语音、手势、图像及其他生物特征的交互。如车上人员可以通过语音或者手势向车辆发出控制、询问以及娱乐互动等信息，车辆也可以通过语音播报、回复问询和娱乐互动，并进行主动安全驾驶预警；车辆可以通过驾驶人的生物特征，作出身份识别和个性化配置，通过监测驾驶状态和健康信息，进行主动安全的预警和防护等。网联化方面,支持多元异构化通信网络的数据传输和管理,为车辆提供多网络的数据接入能力,实现车辆自身数据与外界数据的融合交互。如通过 C-V2X 实现车辆与云端交通生态的信息传递;利用车载 Wi-Fi/蓝牙/NB-IoT/手机投屏等实现设备互联互动。如图 3-1 所示,基于通用的硬件平台、软件框架和标准规范接口,同时使用车内传统网络、以太网、CAN 总线和车外网络,根据各个项目的需求,指导硬件平台设计,搭载通用的系统架构和系统软件以及应用框架软件,再配合安全解决方案和工具链,从而完成整个智能座舱产品的开发和最终的产品交付。

智能座舱软硬件功能

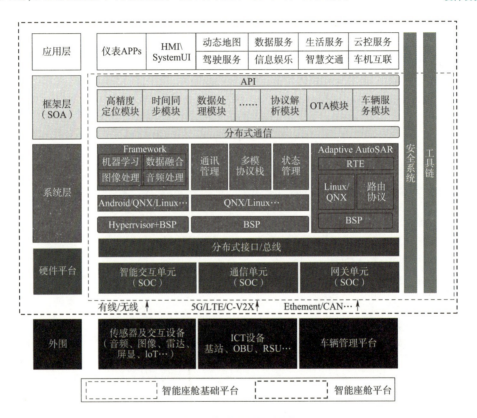

图 3-1 智能座舱核心架构

智能座舱基础平台包括硬件平台、系统软件和功能软件三个部分。硬件平台由异构芯片组成,并采用模块化设计,是平台的基础;系统软件由设备管理程序、操作系统、基础服务软件(如协议栈)等组成,是保证系统运转的核心;功能软件运行在系统软件之上,主要用于实现平台各类基础服务,为应用程序的开发提供支撑。在技术体系中,智能座舱基础平台定位为车内外互联、人机交互的中枢,支撑智能汽车的动态地图、云控、计算平台等系统应用的开发,主要功能如下:

(1)网联通信:具备多模式的通信能力,实现车辆自身数据与环境以及云端数据的传输。

(2)智能交互:提供应用层 App 与车辆底层数据的接口,服务于计算平台及车载 App 功能的开发和实现。

(3)多模式定位:提供多模式、紧耦合的高精度定位服务能力。

(4)数据标准化:提供车辆异源、异构数据的标准化管理及对外服务接口等。

2. 智能座舱核心架构的内容

1)异构分布硬件架构

硬件架构是异构芯片板集成的基础,硬件架构需要支撑芯片选型灵活、可配置扩展、算力可堆砌等要求。硬件主要包括智能交互单元、通信单元、网关单元。

智能交互单元实现传感器及交互类硬件的数据处理,包含多个系统级芯片(System on Chip,SoC)。随着座舱信息娱乐功能的丰富,音频、影像、屏显、车内物联网(Internet of Things,IoT)设备的连接,智能SoC的集成度也越来越高,中央处理器(CPU)以及图形处理器(GPU)的处理能力也在不断加强。

通信单元实现互通互联,包含 GSM/GPRS/C-V2X、全球定位系统(GPS)、Wi-Fi 以及蓝牙等的无线连接。

网关单元要保障座舱域内安全可靠的数据传输、内置存储和常用网关接口。网关接口包括车载以太网(ETH)、控制器局域网(CAN、CANFD)、本地互联网(LIN)和 FlexRay 总线等接口。同时,网关单元还要具备硬件安全模块(HSM)和安全的 OTA 升级。

2)车载操作系统

车载操作系统侧重于人与车、车与车、车与互联网的信息交互和交互体验,是智能化和网联化的基础。

车载操作系统是指运行于车载的专用中央处理器,基于车身总线系统和互联网服务,形成的车载综合信息处理系统,能承载 3D 导航、实时路况、辅助驾驶、故障监测、车辆信息查看、车身控制与设置、蓝牙电话、Wi-Fi 互联、在线娱乐以及 TSP 服务等一系列应用,为驾乘人员提供娱乐、导航、通信以及驾驶服务等各项服务。车载操作系统包含系统层、服务层和框架层的整体基础软件框架。目前,在智能座舱内多应用融合以及大数据分析,逐渐成为智能座舱系统迭代方向,如组合仪表展示、前后排信息娱乐、座舱控制、ADAS、APA 等多项服务,在体验上逐步聚合。

3)Adaptive AutoSAR

AdaptiveAutoSAR 是一种适用于高级自动驾驶的软件架构平台,主要提供高性能的计算和通信以及灵活的软件配置,支撑应用的更新。

AdaptiveAutoSAR 的主要架构分为硬件层、实时运行环境(AutoSAR Run-timeFor Adaptive,ARA)以及应用层。应用层包含的应用程序模块(AA)运行在 ARA 之上,每个 AA 以独立的进程运行。ARA 由功能集群提供的应用接口组成,他们属于自适应平台。自适应平台提供 Adaptive AutoSAR 的基本功能和标准服务。每个 AA 可以向其他 AA 发生服务。基于这种架构,整车的功能之间可以解耦。

4)分布式通信

在智能座舱基础平台里,多个分布的信息源与多个接收这些源的分布网络节点构成了异构分布式网络。其要求通信具备高效率、实时性、高安全性。

目前解决异构分布式系统之间的互联和互动问题通常采用中间件技术。数据分布服务(Data Distribution Service,DDS)满足多种分布式实时通信要求。DDS 属于通用概念。车载操作系统需要建立跨多单元、高速、高效的 DDS 机制,DDS 可采用发布/订阅架构。

5) 车载移动通信

车载移动通信主要是指车内通信、车际通信、车云通信,实现本地数据间、本地数据与环境数据、本地数据与云端数据的传输和交互。通过数据的深度融合,支撑智能座舱、自动驾驶、行车控制以及在线娱乐等需求。

一般按照应用场景可分为覆盖中、短距离的车内通信系统,覆盖中距离的无线通信系统(如 V2X)。其中,V2X 可以细化分为基于 4G LTE 和基于 5G NR 的技术。在对应的产品服务上,4G 主要解决主动安全问题,即车车、车人、车路之间的信号传输,5G 可以在 4G 的基础上增加车辆的编队行驶、传感器数据融合、远程驾驶、驾驶服务等新场景。

车辆的毫米波雷达、摄像头可采集车辆周边的环境,另外通过 V2X 获取更多丰富的环境参数,如十字路口、斜坡信息、道路状况等,形成更多技术认知,提升主动安全性。例如,V2V 车车提供的防碰撞预警系统,车辆之间的安全距离可以进一步缩短;通过 V2I 车路获取的交通管制信息,可以控制车辆的速度和加减速的时机;V2P 车人可以保障形容安全等。

6) 面向服务的基础架构

面向服务的基础架构(Service-Oriented Architecture,SOA)是一种基于业务实现的粗粒度松耦合的面向服务的分布式架构,既可实现业务和技术的分离,又可实现业务和技术的自由组合。以位置服务为例,很多车内应用会用到位置信息,像天气、拍照、导航,这些应用根据自身服务有不同的需求,对位置信息的处理各不相同,SOA 就可以很好地解决这个问题。

3. 智能座舱核心架构的四大关键模块

1) T-Box

T-Box,即 Telematics Box,远程信息处理器,简称 T-Box,主要提供基础位置服务、网联服务及简单的车辆控制服务。主流的 T-Box 均采用通信模块、MCU、接口协议芯片组成的架构,其中通信模块是核心,要确保联网的稳定性和数据传输的有效性。

2) 域控制器

随着汽车功能越来越丰富,ECU 也越来越多。为实现以太网和云端的互联,以及兼顾先进架构和低成本,域控制器支持更多集成式的功能。需要满足以下要求,才能满足智能化的要求:几个 ECU(多个 SoC 或者 MCU)分工合作功能由一个 SoC 完成;支持一芯多屏、多屏互动;支持整车 OTA;支持域控制器之间以及域控制器与主机之间可以通信、数据共享及功能协作。

3) 智能网关

智能网关等于传统的网关 + 无线通信 + 新功能\应用,是智能座舱甚至是车辆的数据中心,负责车内、车外的数据通信,借用互联网关 MPU 的计算能力,可以在车端做边缘计算,减少对云端和通信带宽的要求。网关的智能操作系统可以集成多方应用程序,支持车身不同域之间的数据通信,包括以太网、CAN-FD、LIN 网联。支撑车辆的无线联网,提供远程互联功能,如远程诊断、OTA 更新等,同时提供安全服务(入侵检测和防火墙等)。

4) 交互设备

交互设备指具备交互接口,能实现人机互动的设备或模块,如中控屏、仪表、流媒体后视镜、电子外后视镜、HUD 等。在过去的传统汽车里，这些设备功能分散、孤立，在交互逻辑上，"指令—响应"即可完成。智能座舱里，其数据更融合、功能更聚合。交互方式的呈现演变为"识别—服务"。为支持这种智能化的服务，座舱要具备高算力的 SoC 芯片和丰富的传感器。系统基于识别引擎的结果和分析，方能提供智能化的用户体验。

T-Box

Telematics Box，即远程信息处理器，简称 T-Box，集成车身网络和无线通信功能，可提供 Telematics 业务，是一个基于 Android、Linux 操作系统的带通信功能的盒子，内含一张 SIM 卡（一般是中国联通、电信和移动的 SIM 卡），配套硬件还有 GPS 天线、4G/5G 天线等。车辆必须有 T-Box 设备才能实现联网，它是车联网系统中的智能车载终端，是智能座舱核心架构的关键模块。

1. T-Box 的功能

T-Box 作为系统中网络云端和车辆信息交互节点，既扮演着车载 ECU 的角色，也承担着无线通信模块的重任。T-Box 通过 GPRS 远程无线通信、GPS 卫星定位、加速度传感和 CAN 通信功能，实现车辆远程监控、远程控制、安全监测和报警、远程诊断等多种在线应用的智能终端。

T-Box 动图

（1）联网。联网是 T-Box 最重要的功能之一，可以支持移动、联通、电信三大运营商的网络，T-Box 与车座舱之间采用车用以太网通信，组成局域网，分享 T-Box 的 4G/5G 和 Wi-Fi 热点上网通道。通过联网实现车用无线通信技术（Vehicle to X，V2X），即通过人、车、路信息交互，实现三者之间的智能协同与配合的一种智能交通系统，从而提升道路交通安全、通行效率，实现信息服务等不同应用。T-Box 不仅可以上网，而且还是车辆信息化的核心控制器，通过 CAN 以及以太网与整车进行通信，实时获取车辆信息包括实时油耗/电耗、动力蓄电池的 SOC、温度以及单体的温度、电压以及发动机的水温、转速等数据、车辆行驶里程和当前车速、GPS 车辆位置信息等，实现对车辆行驶数据的实时监控，并根据需求实时上传至相关数据管理平台。

（2）远程控制。当车辆静止的时候，可以对车辆进行远程控制等功能。如图 3-2 所示，通过手机 App 和 TSP 后台网页输入车辆唯一的身份证号 VIN，就可以获取到车辆现在的实时状态，如车窗是否关好、车门是否上锁、剩余油量/电量、总里程、驾驶室温度等信息。用户可以根据这些信息进行相应的远程控制，如远程开车门、远程开车窗、远程打开行李舱、远程打开空调等操作，极大地方便了用户的使用。远程控制也是现在车联网的重要应用，目前多数上市的新车型都可以实现远程控制的功能。通过不同的数据和遥控功能，用户不仅仅可以及时获取车辆，还可以增添许多附加功能。比如车辆预热功能，用户可以设置时间，由汽车自行开始预热和空调制冷制热，这样用户上车时座舱已经有一个舒适的温度状况。如果用户将钥匙忘记在车内，或者不确定是否锁了车门但又离车辆很远时，可以通过手机 App 远程控制开锁和关锁。在比较大的停车场，只需用手机通过 App 查看车辆的定位了解大致方位，再控制车辆鸣笛、闪灯就可以知道车辆的具体位置了。

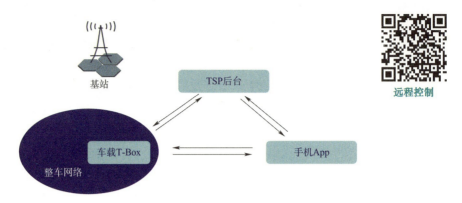

图 3-2　T-Box 联网拓扑图

（3）远程诊断、本地诊断。汽车远程故障诊断系统是指汽车在起动时，T-Box 获知汽车的故障信息，并把故障码上传至数据处理中心。系统在不打扰用户的情况下，复检故障信息。在确定故障后，实施远程自动消除故障；无法消除的故障以短信方式发送给用户，使用户提前知道汽车存在的故障信息，防患于未然。其基本原理的是 T-Box 通过 CAN 收发器直接连接网关与整车网络进行通信，能够获取娱乐 CAN、诊断 CAN 的数据，并可以对 BCM、VCU 等进行控制，或下发诊断命令。从图 3-3 可以看出 T-Box 是 DCAN（Diagnose 诊断 CAN）上的一个节点，该节点可提供本地诊断和远程诊断等功能。

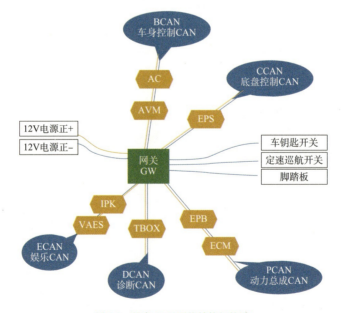

图 3-3　整车 CAV 网络结构拓扑图

（4）车辆异常报警上传。当车辆上的一些部件出现一些异常或者是严重故障时，如动力蓄电池/发动机温度过高、水温过高、电量/油量较少等，T-Box 会第一时间获取到出现故障或者异常的信息，并把这些信息传输给用户，提醒用户要及时处理这些问题，极大地提高了驾驶安全性。

(5)安防服务功能。这主要是针对行车安全和防盗而设计的,包含了路边救援协助、紧急救援求助、车辆异动自动报警、车辆异常信息远程自动上传等服务。

(6)OTA 功能。汽车的 OYA 功能是指空中下载技术,通过移动通信实现对汽车软件版本的远程升级,相比之前到 4S 店通过整车 OBD 对相应的汽车部件进行软件升级。OTA 技术极大地提高了驾驶便利性,让用户随时随地可以对自己爱车的电子部件进行软件升级,提升驾驶体验。

2. T-Box 系统构成及工作原理

T-Box 是安装在车辆上、使用车载电源供电的设备,主要由车载主机、卫星天线、移动天线、电源线束和保险丝盒等部分组成,其中主机内集成有卫星通信模块和移动通信模块,如图 3-4 所示。

图 3-4　T-Box 结构示意图

当通电工作时,车载 T-Box 可深度读取汽车 Can 总线数据和私有协议,卫星信号模块能够实时采集卫星信息,并解析信息,移动通信模块将解析后的位置信息通过移动网络上传到后台服务器。配合其他车载传感器,将车辆信息上传至第三方。

T-Box 内部主要包括:4G/5G 模块、MCU 处理器、CAN 总线、音频处理、电源管理、外部接口等几个部分,如图 3-5 所示。

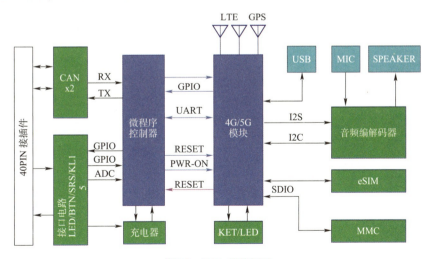

图 3-5　T-Box 系统框图

实现车与外网的联网后,在 CAN 总线为主导的今天,势必还要将让 T-Box 模块加入车内 CAN 总线架构中与车内网进行联网。目前的技术方案有以下两类。

1) T-Box 直连 CAN 总线

如图 3-6 所示,直接将 T-Box 中具有远程通信功能的 Telematics 模块接入 CAN 总线,通过 Telematics 模块读取各 ECU 的信息,并发送相应的控制信息,实现部分远程操控功能。

(1)优点:报文不需网关转发,信息传递直接有效,实现较为方便。

(2)缺点:安全性不足,一旦 Telematics 被攻击,整车的 CAN 总线几乎就暴露在黑客手中。

2) T-Box 连在 CAN 外网络

如图 3-7 所示,将 Telematics 模块加入 MOST 总线,直接与娱乐系统连接,并通过 MOST 网关转发相应的车辆信息和控制信息。

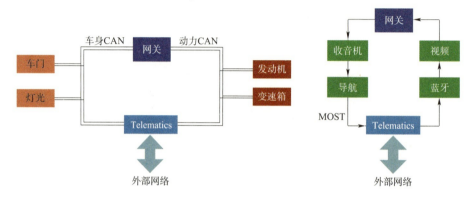

图 3-6 Telematics Box 直连 CAN 总线　　图 3-7 T-Box 连在 CAN 外网络

(1)优点:外部网络与娱乐系统高度融合,便于实现车联网娱乐和社交属性;信息需要通过 MOST 网关转发,安全性较高。

(2)缺点:MOST 总线成本高,MOST 网关开发难度大。

T-Box 通过 CAN BUS 总线通信,实现指令与信息的传递,从而获取到包括车辆状态、按键状态等信息以及传递控制指令等。通过音频连接,实现双方共用麦克与喇叭输出。与手机 App 是通过后台系统以数据链路的形式进行间接通信(双向)。T-Box 在深度读取汽车 CAN 总线数据和私有协议,T-Box 终端通过 OBD 模块和 MCU,采集汽车的总线数据和对私有协议的反向控制。T-Box 还可以通过 GPS 模块对车辆位置进行定位,使用网络模块通过网络将数据传出到云服务器。用户可以在手机 App 端通过网络从云服务器中获取车况报告、行车报告、油耗统计、故障提醒、违章查询、位置轨迹、驾驶行为、安全防盗、预约服务、远程找车等信息,还可以在手机 App 端通过网络与服务器的连接,间接与网络模块交互,通过网络模块与 MCU 之间的渠道,最终使用 MCU 提供控制车门、窗、灯、锁、喇叭、双闪、反光镜折叠、天窗、监听中控警告和安全气囊状态等服务。

3. T-Box 的信息安全

T-Box 作为车内网与外界信息交换的源头节点,其网络传输安全性的保障对智能网联汽车无疑起着至关重要的作用。

1)数据安全性

T-Box 直接与车上的 CAN 线相连,可以深度读取发动机、动力蓄电池、电机与车身的

CAN 信息,同时也能发送 CAN 信息给 VCU,VCU 再发给相应的 ECU 实现对车辆的操作控制。其中涉及双向传输过程中数据的安全性,一旦数据被恶意劫持,攻击者篡改甚至伪造指令信息来通过 T-Box 发送,将会产生不可估量的后果,所以信息安全技术至关重要,必须通过相应的策略来规避风险。

为防止传输过程的风险,必须对终端用户的身份进行认证(可以通过数字签名等方法),认证通过方可进行下一步传输,同时必要对传输的数据进行一定程度的加密,并采用加密芯片,以确保安全性。

2)固件安全性

作为 T-Box 的关键组成部分,微处理器和微控制器 MPU、MCU 之间的通信至关重要,存储在里面的固件程序带来极大便利性的同时,也存在隐患。如果采用逆向提取反编译技术,改变参数将会对车辆造成严重影响。为了应对这一问题,必须在设计过程中将固件存储在 MCU 或 MPU 的自带存储单元中,避免采用通用指令集,在程序逻辑正常的前提下,设下一些陷阱,提高逆提取反汇编的难度,提高固件安全性。

3)OTA 升级安全性

智能终端软件存在难免潜在的风险和漏洞,必须通过远程升级来进行维护,提高抗风险能力,不然会提高返厂运维成本。曾有许多车企因此类信息安全问题,而不得不召回有关车辆。当前环境下,终端在进行远程升级时,易发生软件包被劫持等情况,所以必须确保程序的完整性和准确性,通过加数字签名确定其合法性;在升级过程中随时监督,若由于网络或其他情况导致终端升级失败,需要添加保护措施使其恢复到升级之前的状态,保障车辆的正常运行。

4. T-Box 的发展趋势

在功能上,T-Box 从最初的车辆监控数据传输、网络供给等基础功能,增加了如远控等舒适性功能,安防、CALL 等安全功能,远程诊断、OTA 等便利性功能。随着无线通信网络的不断升级以及汽车智能化发展的趋势,T-Box 也在朝着 5G、V2X、高精度定位的功能上发展。在形态上,随着电子架构的升级,域控制器、SOA 的不断炒热,未来的 T-Box 形态可能归为信息娱乐域控,不再以独立的硬件形态存在。但从信息安全的角度考虑,部分车厂将 T-Box 作为了终端,从硬件上将云端数据与车端数据隔离,再结合 5G + V2X、高精度定位等功能迭代对硬件有变更需求,因此 T-Box 也可能继续作为独立硬件形态存在。

三 域控制器

汽车电子电气架构把汽车中的各类传感器、ECU(电子控制单元)、线束拓扑和电子电气分配系统整合在一起完成运算、动力和能量的分配,进而实现整车的各项功能。域控制器是汽车电子电气架构集成化过程中的产物,因此,域控制器发展的前提是整车电子电气架构迈向中央集成。中央集中式的电子电器架构将车辆的控制程序集中在中央计算平台中,这样就可实现:

(1)算力按需灵活分配,即通过虚拟化按照实际需求分配算力给不同的操作系统。依据面向服务的架构分解功能,并根据需求调用、组合程序。当需要定义汽车新的功能时,可以通过原有的子程序的"拼接"实现新的功能。

(2)硬件可插拔,算力可拓展。当不存在新功能对应的原子程序时,可以通过增加硬件、导入新的原子程序,从而实现新功能。当底层算力不足时,由于虚拟化的优势可以更换更高算力的芯片。例如,2022年极氪001、蔚来为保有车主更换车机域控制器以提供更好座舱体验。

(3)软件、硬件均可OTA,使得汽车的功能的边界可以不断拓展。

1. 域控制器的分类

域控制器可以完成各自域内协调工作,域集中和中央计算平台架构使原来分散的算力集中化,在降低架构复杂度同时提高了系统算力,软硬件解耦让汽车软件实现即插即用,具备可持续迭代升级的能力。在电子电气架构方面,目前特斯拉发展最为领先,其新一代集中式E/E架构达到车载中央电脑和区域控制器阶段,配合自研的操作系统,可实现整车OTA。而以博世、大陆等传统企业按照功能将车辆划分为五域:动力域、底盘域、座舱域(信息娱乐域)、自动驾驶域和车身域,如图3-8所示。

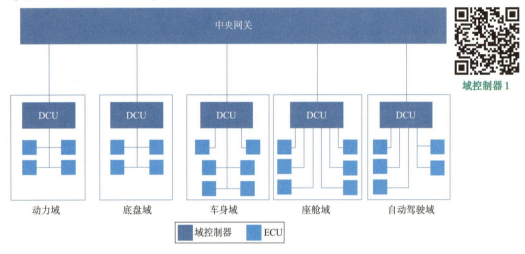

图3-8 汽车五域架构示意图

1)动力域

动力域控制器是一种智能化的动力总成管理单元,借助CAN/FLEXRAY实现变速器管理、发动机管理、电池监控、交流发电机调节,以及三电系统的控制(高压分配及转换集成控制系统、BMS和整车控制器VCU)的管理。其优势在于为多种动力系统单元(内燃机、电动机发电机、电池、变速箱)计算和分配扭矩,通过预判驾驶策略实现CO_2减排、通信网关等,主要用于动力总成的优化与控制,同时兼具电气智能故障诊断、智能节电/节油、总线通信等功能。

2)底盘域

底盘域与汽车行驶相关,由传动系统、行驶系统、转向系统和制动系统共同构成。

(1)传动系统负责把发动机的动力传给驱动轮,可以分为机械式、液力式和电力等。其中,机械式传动系统主要由离合器、变速器、万向传动装置和驱动桥组成;液力式传动系统主要由液力变矩器、自动变速器、万向传动装置和驱动桥组成。

（2）行驶系统把汽车各个部分连成一个整体并对全车起支承作用，如车架、悬架、车轮、车桥都是它的零件。

（3）转向系统保证汽车能按驾驶人的意愿进行直线或转向行驶。

（4）制动系统迫使路面在汽车车轮上施加一定的与汽车行驶方向相反的外力，对汽车进行一定程度的强制制动，其功用是减速停车、驻车制动。底盘域实现制动、转向、减震等功能，且由于涉及安全要求，要求响应速度快、延迟低。

3）座舱域

传统座舱域通常也被称为信息娱乐域，是由几个分散子系统或单独模块组成，这种架构无法支持多屏联动、多屏驾驶等复杂电子座舱功能，因此催生出座舱域控制器这种域集中式的计算平台。智能座舱的构成主要包括全液晶仪表、大屏中控系统、车载信息娱乐系统、抬头显示系统、智能电子后视镜等，核心控制部件是域控制器。座舱域控制器（DCU）通过以太网/MOST/CAN，实现抬头显示、仪表盘、导航等部件的融合，不仅具有传统座舱电子部件，还进一步整合智能驾驶 ADAS 系统和车联网 V2X 系统，从而进一步优化智能驾驶、车载互联、信息娱乐等功能。

4）自动驾驶域

自动驾驶域应用于自动驾驶领域的域控制器能够使车辆具备多传感器融合、定位、路径规划、决策控制的能力，通常需要外接多个摄像头、毫米波雷达、激光雷达等设备，完成的功能包含图像识别、数据处理等。不再需要搭载外设工控机、控制板等多种硬件，并需要匹配核心运算力强的处理器，从而提供自动驾驶不同等级的计算能力的支持，核心主要在于芯片的处理能力，最终目标是满足自动驾驶的算力需求，简化设备，大大提高系统的集成度。在算法实现上，自动驾驶汽车通过激光雷达、毫米波雷达、摄像头、GPS、惯导等车载传感器来感知周围环境，通过传感器数据处理及多传感器信息融合，以及适当的工作模型制定相应的策略，进行决策与规划。在规划好路径之后，控制车辆沿着期望的轨迹行驶。域控制器的输入为各项传感器的数据，所进行的算法处理涵盖了感知、决策、控制三个层面，最终将输出传送至执行机构，进行车辆的横纵向控制。

5）车身域（车身电子）

随着整车发展，车身控制器越来越多。为了降低控制器成本，降低整车质量，集成化需要把所有的功能器件，从车头的部分、车中间的部分和车尾部的部分如后制动灯、后位置灯、尾门锁、甚至双撑杆统一连接到一个总的控制器里面。车身域控制器从分散化的功能组合，逐渐过渡到集成所有车身电子的基础驱动、钥匙功能、车灯、车门、车窗等的大控制器。车身域控制系统已经包括灯光、刮水洗涤、中控门锁、车窗控制、PEPS 智能钥匙、低频天线、低频天线驱动、电子转向柱锁、IMMO 天线、网关的 CAN、可扩展 CANFD 和 FLEXRAY、LIN 网络、以太网接口、TPMS 和无线接收模块等。

目前，由于特斯拉等造车新势力的进入，打破了这功能来进行划分域控制器的方式，而按位置变成了前车身域、左车身域、右车身域，如图3-9所示。其他车企也已经逐步向集成度更高的"三域"（自动驾驶域＋智能座舱域＋车控域＋若干网关）迈进，除智驾域、座舱域外，底盘、动力传动以及车身三大功能域直接整合成一个"整车控制域"（Vehicle Domain Controller，VDC）。这样不仅实现软件定义汽车，还有效降低整车成本、提高效率。这使得车辆的功能迭代更为灵活，用户可以体验到车是常用常新的。与之形成鲜明对比的是，大部分传统车厂的 OTA 仅限于车载信息娱乐等功能，而采用这种集成度更高的域设计，通过 OTA 可以改变制动距离、开通座椅加热，提供个性化的用户体验。

图 3-9　特斯拉分域控制器

2. 智能座舱域控制器

智能座舱域控制器需要具备卓越的处理性能，以支持座舱域的应用，如语音识别、手势识别等；提供优秀的显示性能支持，同时支持虚拟化技术，支持一芯多屏显示，满足各种尺寸的仪表屏及中控屏幕显示需要，并将不同安全级别的应用进行隔离。同时，提供对外对内的通信能力搭载 5G、千兆以太网、Wi-Fi 等技术，提供稳定、高速的通信网络以轻松应对 VR/AR4K 乃至 8K 视频等高带宽应用的网络要求。针对公网通信连接提供可靠的网联服务实现远程控制、整车 OTA。

一般的座舱域控制器会采用两个处理芯片：一个 MCU，一个 Soc。MCU 一般采用 Classic Autosar 架构，通过整车网络（Flexray、CAN、LIN 等）与其他零部件进行数据交换，以及管理域控制器的电源状态。Soc 端可以通过 Hypevisor 运行相应的操作系统，Qnx（或 Linux）与安卓，部分座舱将采用 Qnx 用来处理对实时性和安全等级比较高的功能，如液晶仪表、HUD 等。而安卓等主要用来处理对扩展性要求比较高的功能，如导航、车辆设置、多媒体播放等功能，需要增加新的功能时只需要安装一个 App 即可。MCU 和 Soc 之间有一些数据需要交互。例如，中控屏上的一些设置需要先把信号传送给 MCU，再由 MCU 通过整车网络发送给其他零部件。MCU 从整车网络接收到的一些状态信息，也需要先发送给 Soc，再由 Soc 显示到液晶仪表或者中控娱乐屏上，如车速、Telltale、电池电量、空调状态等信息。

3. 智能座舱域控制器发展历程

智能座舱域控制器发展经历了整体基础—细分产品—融合方案的格局变化。先是整体电子器架构和操作系统出现，随后各细分产品逐渐装载到车上，如今的趋势是各产品的协同整合。

2018 年，伟世通才出现基于座舱产品的域控制器，主要是整合了车载中控和仪表，还没有整合更多的 ADAS 功能的产品，如 360 环视、LDWS 等进去，说明这个域控制器有一定的难度。

图 3-10 是中央控制器会遇到的问题，这个和域控面临的问题是一样的，主要还是很多功能性安全、实时性安全的技术要求还不成熟。

模块三 智能座舱关键模块与核心技术

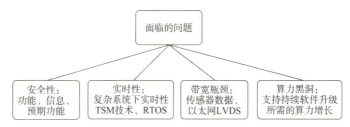

图3-10 中央控制器面临的问题

图 3-11 是能够支持 L3 级别自动驾驶的奥迪 A8 的智能驾驶域控制器。其中包含四个主要芯片：NVIDIA Tegra K1、Mobileye EyeQ3、Altera Cyclone FPGA 和 Infineon Aurix Tricore MCU。其中，TK1 和 EyeQ3 负责自动驾驶中的视觉感知，包括交通标识牌识别，行人检测，碰撞预警，光线检测，车道线检测，360°环视等功能。Altera FPGA 负责目标融合、地图融合、停车辅助、碰撞预防、图像前处理等功能。而 Infineon Aurix 负责交通拥堵导航、辅助系统、矩阵大灯、路线图等功能，并且负责系统的安全监控和底盘控制。也就是说，这个四个芯片的复杂系统是 TK1 和 EyeQ3 两颗 QM 芯片加上一颗 ASIL-B 等级的 Altera FPGA，再加上一颗 ASIL-D 等级的 Infineon Aurix Tricore 来共同实现。

图3-11 奥迪A8智能驾驶域控制器示意图

现在一个平台车型的迭代周期是 3~4 年，车型小改款是 1 年左右，越来越多的车厂选择把显示屏部分进行标准化，这样 IP 造型、显示屏的成本都能固定下来，而每次升级改款只需要修改主机，因为现在域控制或者单芯片的算力越来越强，主机升级换代成为必然。显示屏是显示内容部分，这部分相对简单一些，只要规划好对应的造型、尺寸、分辨率是可以做到平台化共用的，从而节省成本，如图 3-12 所示。

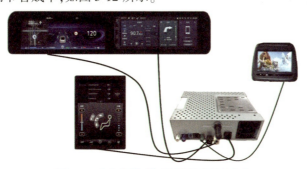

图3-12 集中式的智能座舱域控制产品形态

原来座舱里面的控制器基本上是分开的,导航主机、液晶仪表、AVM、T-Box 等彼此分开,导致线束连接就非常复杂,且不同供应商之间的协调调试也非常复杂。分散的座舱控制器结构如图 3-13 所示。

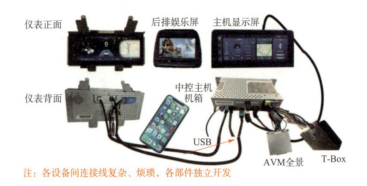

注:各设备间连接线复杂、烦琐,各部件独立开发

图 3-13　分散的座舱控制器结构示意图

以智能座舱为切入点提升用户体验成为企业制胜的关键点:一方面,"一芯多屏"成为趋势热点。车载显示屏从单一、小型的平面矩形屏幕逐步向多个、大型曲面屏转变。因为传统分离式的座舱集成,多个座舱系统之间如"孤岛"一般相互独立导致通信成本高,而"一芯多屏"的智能座舱解决方案以通信成本低、时延短,可以更好地实现多屏联动、多屏驾驶等复杂电子座舱功能。一芯多屏产品形态如图 3-14 所示。另一方面,汽车企业在追求炫酷科技带来的震撼感、科幻感的同时,开始围绕改善用户体验密集发力,更加强调用户的便捷度、舒适感、娱乐性,从用户观感体验以及心理体验出发进行产品开发和服务设计,更加增进用户黏性。

图 3-14　一芯多屏产品形态示意图

智能座舱域控制器的发展趋势依然是提升算力平台、集成度和感知通信能力。首先,基于更高算力的座舱域控制器芯片开发产品集成度更高。集成仪表 T-Box 和车机、空调控制、HUD、后视镜、DMS 等。其次,AR/抬头显示 HUD 内后视镜替代屏外后视镜替代视觉系统仪表屏、中控屏、副驾显示屏后排娱乐屏等多屏互动交互方案,提升用户体验。再次,基于 win65GCV2X 以及多模融合的高精定位技术,开发智能天线产品,通信可靠性高,低时延,高带宽为智能网联汽车提供多重无线通信整合的车联网方案。最后,其核心是传感器融合以

达到更强的感知通信能力,如图 3-15 所示。

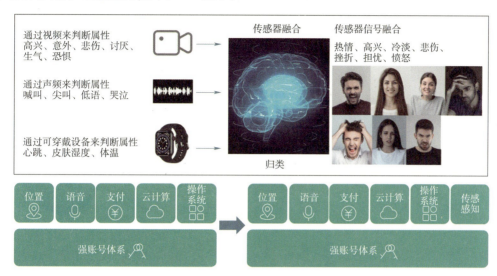

图 3-15　智能座舱域的传感器融合

4. HYPERVISOR 虚拟化

在电子电气系统架构从分布式向域集中式演进的大背景下,各种功能模块都集中到少数几个域控制器中,以前需要多个电子控制单元(Electronic Control Unit,ECU)实现各种功能,现在只需要一个域控制器(Domain Control Unit,DCU),节省了大量的线束和接插件,减轻了车身整体质量。但是在汽车电子电气系统中,不同的 ECU 提供不同的服务,具有不同的优先级,对底层操作系统的要求也不一样。例如,根据 ISO 26262 标准,汽车仪表系统与娱乐信息系统属于不同的安全等级,具有不同的处理优先级。汽车仪表系统与动力系统密切相关,要求具有高实时性、高可靠性和强安全性,以黑莓 QNX 操作系统为主,而信息娱乐系统主要为车内人机交互提供控制平台,追求多样化的应用与服务,以 Linux 和 Android 为主。

要使不同类型的操作系统运行在同一个计算平台,最直接的技术路径就是虚拟化。虚拟化作为一项底层 IT 核心技术一直被广泛应用于云计算领域,它的作用是通过 Hypervisor 软件模拟出一个具有完整硬件系统功能、运行在一个完全隔离环境中的计算机系统。

虚拟化的概念被引入车载操作系统之后,供应商不再需要设计多个硬件来实现不同的功能需求,只需要在车载主芯片上进行虚拟化的软件配置,形成多个虚拟机,在每个虚拟机上运行相应的软件即可满足需求。虚拟化的软件配置如图 3-16 所示。

图 3-16　虚拟化的软件配置示意图

Hypervisor 是运行在物理服务器和操作系统之间的中间层软件,将操作系统和硬件剥离的方法,使得多个操作系统可以共享一个硬件系统。Hypervisor 提升了系统的稳定性和安全性,提高了闲置资源的利用率,同时实现了良好的故障控制机制,以保证关键任务、硬实时应用程序和一般用途、不受信任的应用程序之间的安全隔离,实现了车载计算单元整合与算力共享。

1) 云虚拟化、物虚拟化

如果说云虚拟化是过去 20 年的技术风口,那么物虚拟化将会是下一个 20 年不容错过的技术风口。虽然两种技术同根同源,但是基于嵌入式的物虚拟化与传统的云计算虚拟化还是有其不同的地方。

(1) 定位目标不同:云虚拟化关注虚拟机的热迁移、资源弹性按需分配、灵活管理,而嵌入式虚拟化关注实时性、可确定性、功能安全(Functional Safety)及小内存(Footprint)等。

(2) 可用的资源多寡不同:云服务器的计算能力和内存资源远多于嵌入式系统,后者对资源的使用几乎达到"斤斤计较"的地步。

(3) 软件发布模式不同:云虚拟化软件是同一套二进制代码部署在所有服务器上运行,而嵌入式虚拟化软件和嵌入式硬件往往是绑定的,大多数情况下是一物一系统。

2) 车载虚拟化的技术要求

车载虚拟化操作系统具有稳定可靠、性能良好、实时响应能力强的微内核,虚拟机上的应用程序按照预定的优先级运行,无论低优先级虚拟机执行的繁忙程度如何,操作系统都会保证高优先级的实时进程优先执行。同时,关键应用程序和实时操作系统、非关键应用程序和普通操作系统之间进行安全隔离。

一般而言,车载虚拟化操作系统要求具备三点技术要求:其一,使用资源分区技术严格隔离和分配资源;其二,灵活高效的实时和非实时任务调度机制;其三,进程间通信,实现消息在虚拟机之间通信。具体如下。

(1) 资源分区。微内核将全局内存空间划分为静态可配置的资源池,虚拟机启动时,将相应的内存页地址空间分配给它,虚拟机中的任务线程总是连接到这部分地址空间,并且它只能访问和管理这部分地址空间,此机制确保了虚拟机之间的严格隔离。当一个虚拟机中的应用程序出现故障时,只会影响分配给它的内存,而不会影响其他虚拟机的内存池。这是一个简单的解决方案,因为它维护了一个最小的受信任的代码库,唯一的挑战是开发人员应该预先预测 Guest OS 的内存需求。

(2) 任务调度机制。常见的操作系统任务调度机制有两种:

① 基于优先级:一旦内核把资源分配给某进程,该进程便会一直执行下去,直到该进程结束或发生某事件被阻塞(如主动调用延时),才把资源分配给其他进程。在这种情况下,如果某个高优先级的任务运行时间过长,最好有阻塞机制,让出 CPU 使其他低优先级的任务也有机会运行。

② 基于时间片:所有任务的执行优先级相同,当内核分配给该进程的时间片结束,内核会立即停止执行该进程,将时间片分配给其他进程执行,即便这个任务还没有执行完。

车载虚拟化系统同时承载实时车控系统和非实时娱乐系统,这两种系统对于任务的时间响应要求有着本质的不同：

①实时系统：一般要求基于优先级的调度方式，对于不同优先级的任务，完全基于优先权原则来运行，一旦高优先级的任务就绪，它可以无条件地抢占任何正在执行的、低于自己优先级的进程，无论正在运行的进程是否已经进入内核调度阶段。在一些实时操作系统的实现中，同时支持基于时间片的调度方式，当几个任务的优先级相同时，会按照时间片来管理，在优先级相同的任务间切换运行。

②非实时系统：一般情况下没有任务优先级的概念，所有任务默认优先级相同，任务调度采用时间片调度方式。

车载虚拟化内核应该具备灵活的时间调度机制，既支持基于优先级的任务调度方式，又支持基于时间片的任务调度方式。

（3）进程间通信。Hypervisor 在对虚拟机进行严格安全隔离的同时，也需要支持不同虚拟机进程之间以受控方式相互通信。最基本的进程间通信包括同步消息传递和共享内存两种方式。

①同步消息传递：采用用户端/服务器（Client/Server）模式，实现了两个进程之间的点对点通信。

②共享内存：一种相对高效的进程间通信方式，适用于效率要求较高、数据量较大的场景共享内存段被视为共享文件系统，为每个虚拟机进程配置对共享内存的读写访问。

5. OTA 在线升级技术

1）OTA 分类及意义

OTA 分为两类：一种是固件在线升级（Firmware-over-the-Air，FOTA），指的是给一个设备、ECU 闪存下载完整的固件镜像，或者修补现有固件、更新闪存。而固件之外的软件更新，就是软件在线升级（Software-over-the-Air，SOTA）。那些看上去离使用者更近的应用程序和地图 OTA，都属于 SOTA 的范畴。FOTA 相比 SOTA 更具挑战性，这点会到后面再谈。

OTA 升级对于智联网汽车的意义主要体现在以下几方面：

（1）快速修复系统缺陷。传统汽车在用户行驶验证中出现了系统方面的缺陷，而这些问题的解决办法只有一个——汽车厂家启动召回，在用户收到召回程序后返厂进行系统的统一升级。而 OTA 技术则可以通过远程快速的通过数据包的形式完成缺陷的修复，大大避免了持续数月的进厂召回带来的风险。

（2）快速迭代、提升产品和使用体验。由于在产品设计中的硬件的超前配备，智联网汽车操作系统可以通过一次次 OTA 升级，不断给用户逐步开启新功能，优化产品体验，进行快速迭代，提供更加优质的系统服务。真正让用户感受到什么是"常开常新"。

（3）节约双方的时间和金钱。传统的召回是需要走内部及外部审批流程，时间和金钱的成本非常高。通过 OTA 升级，可以大大降低由于软件缺陷带来的召回成本。

2）汽车 OTA 的架构和流程

无论是 FOTA 还是 SOTA，其工作流程都可以被分成三个阶段：

（1）第一步生成更新包。更新包里不仅有要修复的缺陷或者要加入的新功能，分发包的更新顺序、更新前和更新后需要做哪些验证检查等，都会被打包到这个文件里。

（2）第二步传输更新包。更新包生成之后,会被发到一个 OTA 云服务器平台。在汽车行业,这个平台一般由 OEM 管理,平台上整齐码放着各种各样、不同版本的更新包。在收到更新请求后,更新包通过网络被下载到合适的车载模块和特定的 ECU。一辆车可能有多个设备需要更新,车端会安装 3G/4G/Wi-Fi 通信模块,也会由一个网关统一下载接收更新包再做具体分发。

（3）第三步安装更新。下载好的更新包会正式更新,用新的镜像文件替换掉旧版本。整个过程会有更新软件随时监督:正确的更新包是不是被安装了,更新任务是不是已经顺利执行完毕。OTA 的过程可以不是连续的,并且能支持任意点对点的软件版本更新。

当然,整个大流程在哪里执行,还是有很多考虑的。因为 FOTA 需要直接对 TCU 和 ECU 直接刷新改写,车企对直接执行 FOTA 还存有安全顾虑。在过渡阶段,可以考虑由用户把车开到经销商处,完成在线更新。主机厂会给用户发送召回邮件,得到确认后把含有更新文件用邮寄硬件或电子发送方式给到经销商,用户到店更新并现场检查后再把车取走。

未来,随着汽车电子化程度越来越高,每家经销商的服务能力也会有上限,每一次更新,用户都返回经销商,会成为一种不好的体验。当技术足够成熟,用户直接 FOTA 的方案当然会更受欢迎。在流程上,更新文件不必发到经销商。但经销商依然要和用户取得联系,告诉他们确保更新的时候,车辆要处于停驶状态。后台收到某车辆需要 FOTA 的请求后,主服务器和车辆相互验证后,就可以在通信正常的情况下开始更新。车主在更新完成后自检,主机厂可以用电话和车主逐一确认更新效果并保证安全。这样成本就会大幅削减。

对于汽车这样特殊体质的电子产品,OTA 要考虑的东西更多,具体到实操层面,主要是保证安全、效率、用户体验这些细节。

安全是要放在首位来强调的问题。安全是一个系统工程,OTA 安全要考虑三段:第一段是云端的服务器端的安全;第二段是车辆端的安全;第三段是车辆和云之间的通信。更新内容在这三段不仅使用认证,还要使用加密。对这两点一个形象的说明就是:加密是不让别人看见我传输的是什么内容。认证是确保车辆端、云端是我期望的、认可的对象。比如,车机进行软件升级时,要发出认证请求到服务器。服务器收到车端请求信息后,发回反馈,要求发送数字证书自证身份。车端发送数字证书到服务器端;服务器对数字证书进行校验是否存在问题。验证无误后,终端管理系统向终端发送验证结果,这时才可以开始进行相应的软件升级。更新包会被加密后传输到车端,在 T-Box 解密后再分发到车机。另外一个比较重要的车端部分是网关,可以避免 ECU 与联网的远程信息处理单元直接接触,提高了 OTA 更新的安全性,如图 3-17 所示。

上文提到,FOTA 相对 SOTA 要更具挑战一些,其原因之一在于集成固件更新安装程序的闪存都比较小,FOTA 更新包和更新软件要能在车辆嵌入式设备的小内存中完成安装。因此,更新包会尽可能地压缩大小,一般会被压缩到原始大小的 10%。

为了保证效率,在技术上会用到差分更新的方式,也就是比较新旧版本之间的差异,生成差异文件。当新旧文件差异不是特别大,就可以只传输差异文件。差分更新的核心技术是各家供应商掌握的字节差分算法。

关于用户体验的部分,是由很多小细节构成的。比如,汽车更新一定不能影响车辆的安全行驶。车辆所处的环境可能会发生很多变化,如进入隧道、地下车库这些没有信号的地方,出现异常的时候,需要车辆端的电子零部件能够应对不同的外界环境,做好保护,并且在升级失败的时候完成自恢复。

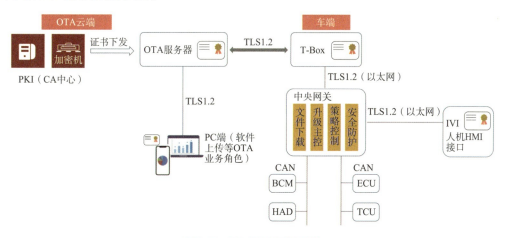

图 3-17　OTA 安全策略示意图

四　智能网关与车载以太网

1. 智能网关

网关是在采集不同体系结构或协议的网络之间进行互通时,用于提供协议转换、数据交换等网络兼容功能的设备,通俗地称为网络之间的连接器、协议的转换器、数据的翻译器。网关可以用于广域互联,也可以用于局域互联,充当着转换重任的计算机系统或者设备,在使用不同协议、数据或者语言,甚至两种体系结构完全不同的两个系统之间做翻译。

网关动图

汽车内部的网络节点如同一个个站点,从一个网络向另一个网络发送信息,需要换乘的站点就是"网关"。不同类型的网络传输数据,通过网关进行数据交互。汽车网关承担不同类型的网络传输数据之间的协议转换工作,并参与各网段的网络管理,根据实际需求路由信号和消息控制路由时序。网关也是直接和 OBD 接口的车载节点,负责整车诊断报文的转发与控制,同时承担外界对车内网络潜在风险的防御。也就是说,汽车网关的主要功能是在网络和 ECU 之间提供安全、无缝的通信,包括在车辆的许多内部网络和外部世界的网络之间架起桥梁。数据的顺利传输对于确保 ECU 拥有正确的车辆操作至关重要,因此,网关必须提供任何对任何网络的通信,并具有低延迟和低抖动。而成为网络中一个节点的汽车还是远程攻击的潜在目标,如果没有适当的保护,它们可能被破坏,导致汽车失控等严重事故的发生。

智能网关等于传统的网关＋无线通信＋新功能\应用,它是智能座舱甚至是车辆的数据中心,负责车内、车外的数据通信,借用互联网关 MPU 的计算能力,可以在车端做边缘计算,减少对云端和通信带宽的要求。网关的智能操作系统可以集成多方应用程序,支持车身不同域之间的数据通信,包括 CAN、LIN、ISO-9141、FlexRay 和以太网等。支撑车辆的无线联网,提供远程互联功能,如远程诊断、OTA 更新等,同时提供安全服务(入侵检测和防火墙等)。

2. 车载以太网

1）车载以太网的产生

首先，伴随着汽车电子产品的不断增多，车内电控系统规模和复杂性日益增加，ECU 数量也不断攀升。据统计，1996 年，欧美典型的车辆上 ECU 数量为 6 个，到 2009 年，欧美高端车的控制器数量已经大于 70 个。同时，新的功能需求对车载网络提出不同要求，如高带宽、安全性、低成本等，而传统 CAN 总线已经满足不了日益增加的新需求。

车载以太网

其次，驾乘人员对汽车智能化的需求越来越高，采用满足需求的新型车载总线迫在眉睫。随着 2011 年 Broadcom 公司推出第一款满足车载 EMC 要求的车载 Ethernet 芯片以来，越来越多的整车厂将目光投向车载 Ethernet 技术。通过 Ethernet 的高带宽，可实现快速程序刷新、音频、视频等流媒体传输以及车辆的主干网。

此外，汽车 ADAS 系统、高清车载娱乐系统、车联网系统、云服务及大数据等新兴技术在车辆上的应用，现有车载总线无法满足当前需求，亟须一种高带宽、可开放、可扩展、兼容性强及网络聚合便捷的车载网络，同时满足车载严格法规要求、车载电气环境、高可靠性要求。

鉴于此，一种新型车载网络（车载以太网）应运而生。车载以太网是一种连接车内电子单元的新型局域网技术，与普通民用以太网使用 4 对非屏蔽双绞线电缆不同，车载以太网在单对非屏蔽双绞线上可实现 100Mbit/s 甚至 1Gbit/s 的数据传输速率，同时满足汽车行业高可靠性、低电磁辐射、低功耗、带宽分配、低延迟以及同步实时性等方面的要求。

2）车载以太网协议架构

车载以太网协议是一组多个不同层次上的协议簇，但通常被认为是一个 4 层协议系统：应用层、传输层、网络层、数据链路层。每一层具有不同的功能。4 层结构对应于 OSI 参考模型，并且提供了各种协议框架下形成的协议簇及高层应用程序。

（1）物理层（OABR）。参照 OSI 模型，车载以太网在物理层，即第 1、2 层采用了博通公司的 BroadR-Reach 技术，BroadR-Reach 的物理层（PHY）技术由 OPEN（One-pair Ethernet Alliance，一对以太网）联盟推动，因此有时也被称为 OPEN 联盟 BroadR-Reach（OABR）。

BroadR-Reach 提供标准以太网的 MAC 层接口，能够使用与其他以太网类型相同的数据链路层逻辑功能及帧格式，能够通过与其他以太网类型相同的方式运行高层协议和软件。

BroadR-Reach 利用两组编码和信令方法将 MAC 层 100Mb/s 的数据流转换成 66Mbaud/s 的三元信号，可使 100Mb/s 的数据速率能够在较低的频率范围内实现，从而使得 BroadR-Reach 以较低的布线成本实现高数据速率。较低的信号带宽可以改善回波损耗，减少串扰，并确保车载以太网可满足汽车电磁辐射标准要求。BroadR-Reach 在单对非屏蔽双绞线上传输差分信号，与 CAN 等其他车载网络类似，同时 BroadR-Reach 能够为网络提供电流隔离，其接地偏移额定值高达 2500V。

BroadR-Reach 支持全双工通信，可使一条链路上的两个车载以太网节点能够同时发送和接收数据。BroadR-Reach 利用先进的数字信号处理技术实现一条链路上的两个节点能够同时在该链路中发送和接收数据，包括使用混合电缆等特殊设备和回音抵消等技术，使各以太网节点能够区分发送和接收的数据。

以上先进技术在车载以太网上的应用,使得 BroadR-Reach 物理层与传统车载 CAN、LIN、Flexray 网络相比,区别巨大且更加复杂,使得车载网络开发、测试工程师的相关经验不易在车载以太网开发测试工作上移植、应用。

(2) AVB 协议簇。以太网音视频桥接技术(Ethernet Audio Video Bridging, AVB)是 IEEE 的 802.1 任务组于 2005 开始制定的一套基于新的以太网架构的用于实时音视频的传输协议集。

汽车在信息娱乐与驾驶辅助领域的快速发展,需要更多的音视频数据在汽车系统中进行传输,因此基于以太网的音视频桥接(AVB)技术得到应用。

AVB 的高带宽和服务品质,确保数据的及时传递、更高的可靠性与较低的成本、开放的技术标准等特点,非常适合通过 AVB 协议应用在汽车部署中。

AVB 协议簇包括为精准时钟定时和同步协议(Precision Time Protocol, PTP)、流预留协议(SRP)、时间敏感流的转发和排队协议(FQTSS)及音视频传输协议(AVBTP)。其中,车载以太网中为了降低时延,一般不会动态预留带宽,所以暂且不用考虑 SRP 所产生的时延;而其余三个协议主要是流量调度产生的时延(干扰迟滞)和时钟同步产生的时延。

802.1AS:精准时间同步协议(Precision Time Protocol, PTP)。

802.1Qat:流预留协议(Stream Reservation Protocol, SRP)。

802.1Qav:排队及转发协议(Queuing and Forwarding Protocol, Qav)。

802.1BA:音视频桥接系统(Audio Video Bridging Systems)。

1722:音视频桥接传输协议(Audio/Video Bridging Transport Protocol, AVBTP)。

1733:实时传输协议(Real-Time Transport Protocol, RTP)。

1722.1:负责设备搜寻、列举、连接管理以及基于 1722 的设备之间的相互控制。

AVB 不仅可以传输音频也可以传输视频。用于音频传输时,在 1G 的网络中,AVB 会自动通过带宽预留协议将其中 750M 的带宽用来传输双向 420 通道高质量、无压缩的专业音频。而剩下的 250M 带宽仍然可以传输一些非实时网络数据。用于视频传输时,可以根据具体应用调节预留带宽。例如,750M 带宽可以轻松传输高清 full HD 视觉无损的视频信号,并且可以在 AVB 网络中任意路由。

AVB 中的 802.1AS 是 1588 协议在二层架构下一种具体实现,是 AVB 协议集中最重要的一部分。

(3) TCP/IP 协议簇。TCP/IP 协议簇对应 OSI 模型的传输层,该部分是网络结构的中心部分,是下方硬件相关层和上方软件处理层的重要连接点。

TCP/IP 协议负责提供一些重要的服务以使高层的软件应用能够在互联网络中起作用,充当高层应用需求和网络层协议之间的桥梁。TCP/IP 主要负责主机到主机之间的端到端通信。两个关键的传输协议为用户数据报协议(UDP)和传输控制协议(TCP)。

(4) 应用层协议。应用层协议是用户与网络的交互界面,负责处理网络特定的细节信息覆盖了 OSI 参考模型的第 5~7 层。

应用层可根据用户需求为用户提供多种应用协议,如超文本传输协议(HTTP)、通信控制(SOME/IP)、服务发现(Service Discovery)、动态主机配置协议(DHCP)、流媒体服务

(Stream Media Service)、设备发现、连接管理和控制协议(IEEE 1722.1 AVDECC)等。

3)车载以太网标准化及应用

汽车智能网联的应用需支持多种系统和设备,同时需具备内、外网络聚合能力,车载网络必须是可扩展的,具有良好的兼容性,因此车载以太网在实现和创新车内应用过程中,标准化是一个重要的驱动因素。通过标准化,可以让OEM满足顾客需求,并确保产品品质。各主机厂依据标准来设计,不仅可以缩短产品的上市时间,而且还能保证产品的可用性、生命周期、升级能力以及互操作性。

(1)车载以太网标准化现状。车载以太网标准化主要由IEEE802.3和IEEE802.1工作组、AUTOSAR联盟、OPEN联盟及AVnu联盟起到主要的推动作用。

(2)车载以太网应用。车载以太网被定义为下一代车载局域网络技术,短期内无法全部取代现有车载网络,其在汽车行业上的应用需要一个循序渐进的过程。依据车载以太网在汽车网络上的应用过程,大致可分为三个阶段:局部网络阶段、子网络阶段、多子网络阶段。

①局部网络阶段,可单独在某个子系统上应用车载以太网技术,实现子系统功能,如基于DoIP协议的OBD诊断、使用IP协议的摄像头等。

②子网络阶段,可将某几个子系统进行整合,构建车载以太网子系统,实现各子系统的功能,如基于AVB协议的多媒体娱乐及显示系统、ADAS系统等。

③多子网络阶段,将多个子网络进行整合,车载以太网作为车载骨干网,集成动力、底盘、车身、娱乐等整车各个域的功能,形成整车级车载以太网络架构,实现车载以太网在车载局域网络上的全面应用。

4)车载以太网测试

随着汽车数量的不断增加,人们对汽车的功能性和安全性的要求也不断提高。汽车的高品质、高可靠性及高安全性需要充分完整的测试来保证,车载以太网研发过程中应尽早快速、有效地发现问题,并尽早解决问题,降低成本损失。

(1)传统以太网与车载以太网测试区别。以太网是计算机有线网络标准之一,一般用于家庭和工作单位所用的LAN是最常用的技术标准。传统以太网测试与车载以太网测试存在一定的差异。传统的IT行业对以太网一致性要求不高,无一致性测试标准,汽车行业对车载以太网测试要求高,已由相应的组织或联盟制定了行业的一致性测试标准。

(2)车载以太网测试内容。车载以太网面对激增的功能和复杂度,在保证高度测试覆盖率的同时,通过标准化测试降低测试周期和成本。主要测试报告物理层测试、一致性测试、性能测试、功能测试、网络安全测试以及一些基础测试。

车载以太网测试可参照国际通用的V模型,测试阶段分为部件测试、系统测试、实车测试。各阶段主要测试内容可分为一致性测试、性能测试、OEM定义的测试内容;一致性测试内容主要为标准一致性、互操作性、稳定性和鲁棒性测试;性能测试主要进行仿真真实通信场景测试,功能测试,多种度量方法分析(如延迟、吞吐量、抖动、丢包、服务质量、时间同步等);部件测试包含AVnu定义的相关测试、OEM自定义的测试、OPENTC8定义的相关测试等;系统测试包含通信测试、诊断测试、网络管理测试、网关路由测试、刷写测试以及Feature相关测试等;实车测试主要包含以太网Feature相关测试、OEM定义的测试内容等。

五 交互技术

目前,用户对汽车的定位正逐步从出行工具向第三空间进行演进,智能座舱被赋予更强的交互属性。

人机交互动画

1. HMI(人机交互)与车载系统

1) HMI(人机交互)

HMI 是 Human Machine Interface 的缩写,也就是人机交互。汽车 HMI 设计主要是研究人与汽车的人机交互界面,是驾驶人和车辆交互的桥梁。此外,还包括开关、按钮、大屏、语音等。侧重的是在完成交互任务的流利顺畅,同时增强驾驶乐趣,是人与界面、人与车各系统的体验感受。

从目前的发展趋势,智能汽车驾驶舱的发展方向主要集中在三个方面:更大的屏幕、自动化的控制界面以及人机交互。虽然目前智能车载系统的功能仍然非常有限。在垂直应用场景中,人机交互的体验和技术的稳定性仍有很大的提升空间。但 HMI 交互界面,可以说是发生了质的变化,一是界面设计多元化,从工业时期追求性能的简单粗暴,现在界面有设计简洁现代,也有百变换肤,考虑到了用户的审美需求;二是从交互的角度来讲,做了沉浸式导航界面,提升驾驶专注度。还有交互体验的增加,有了车联网和车内芯片强大的计算能力,汽车也能够更灵活、更贴近使用情况地向用户提供信息(如导航、路线推荐、胎压检测驾驶人习惯记录等)。人机交互解放了驾驶人,使交互溶于驾驶场景当中。

2) HMI 车载系统

现有的 HMI 车载系统分为三种,即全面接入内置智能系统、平台解决方案、软件应用程序。

(1) 全面接入内置智能系统。汽车厂和汽车配件制造商,将先进的技术应用到汽车的驾驶舱中。例如,Tesla X、硬件、软件和人机界面都是车厂整合。不仅能够实现多媒体系统的深度集成,而且还能够与驾驶人进行车内诊断和控制系统的深度集成,内置或集成的智能系统,如图 3-18 所示。其在连接互联网络同时提供 API 接口,可以自定义应用程序和独立开发者提供定制服务等。

(2) 提供平台解决方案。目前,科技巨头都在为驾驶场景提供驾驶解决方案,如苹果、谷歌、亚马逊、Nuance、阿里巴巴和百度、华为、腾讯都为智能驾驶舱创建了平台和操作系统。使用软件平台定制 HMI 单元,科技公司提供软件平台,车企自己定义介入的硬件与服务。平台和系统可以将其技术和服务集成到汽车专用操作系统中,为汽车驾驶人提供完整的智能驾驶体验。技术巨头凭借其先进的技术研发能力和与汽车制造商的紧密合作,有效地

图 3-18 内置智能系统示意图

优化了相关产品和服务的质量。但是为了快速抢占市场,科技巨头公司通常更愿意提供通用类型的平台服务,很难为不同的车厂提供定制化服务。

(3) 软件应用程序。软件公司开发各种智能驾驶相关的便携硬件和软件服务。常见的

方法是通过将外部硬件与汽车连接，在通过软件服务来优化汽车驾驶舱的性能，将普通汽车座舱变成智能汽车座舱。这些公司的服务和产品非常灵活，通常可以在指定的场景和特定的需求中为用户提供定制化的服务。然而，这类服务往往需要一些额外的操作和硬件设备的支持。软件的应用程序分为两种方式：一种是车载小程序，另一种是应用软件。与普通手机小程序只在入口、开放程度、定位等方面略有差异有所不同，目前国内三家 BAT 车载小程序在唤醒方式、交互方式、构建场景等方面也呈现出不同的侧重和战略打法。三家都基于自己对车联网的理解，勾画出小程序在车载场景下如何进行应用延伸，其目的都是为用户带来智能网联汽车的体验提升。具体如下：

①腾讯车载小程序。腾讯车载小程序目前大致分为三类：出行服务小程序、生活服务小程序和视听服务小程序，其最大特点是基于位置和场景会被自动唤醒。比如，用户经过加油站、停车场、旅游景点时，有些购买和支付的服务就会主动弹在车机上，用户再通过语音完成操作。如果说手机小程序是"人找服务"，那么腾讯车载小程序则进化成"服务找人"。

②AliOS 车载小程序。基于算法和丰富的生态服务体系，AliOS 车载小程序的最大特色是自带场景智能感知的基因。得到车主授权后，车载小程序可以围绕行车场景，实现上车前、行车中、下车后自然串联的智能化场景服务。例如，用户可以在车上通过触控、语音、手势等多模态交互方式，咨询附近的推荐餐厅，小程序会基于用户的喜好作出推荐，还可以预约排号；到达餐厅附近，系统会自动唤醒小程序，为用户找到停车场；下车后，车载小程序会无缝连接到手机小程序端，用户可以在手机上查看餐厅的预约信息等。相比腾讯车载小程序，AliOS 车载小程序的开放程度稍高，但也和手机小程序一样，仅限于阿里系的商业生态之内。

③百度车载小程序。百度也在为自身搭建智能系统。相比腾讯和阿里，百度车载小程序的分类更加细致，场景也更加丰富。车企可以根据车型定位和自身需求，自行定义和组合可供使用的车载小程序。很多科技公司转向百度生态，进入车企。百度开放的生态可以将自己主要功能接入百度 App、百度地图、百度贴吧、百度网盘百度系 App 上运行，还可以在爱奇艺、Wi-Fi 万能钥匙等外部 App 平台上运行。腾讯和阿里基于位置或者场景，可以自动唤醒小程序有所不同，百度的车载小程序大部分场景下还是只能依靠用户用语音唤醒。

3）HMI 设计开发流程

汽车 HMI 设计开发需要按照整车开发的流程进行，这样在造车的各个阶段才能有效地管控和输出设计产物，由于 HMI 设计涉及的相关范畴广，只有按照既定的流程才能设计出符合车机环境的系统界面。

（1）整车开发流程。在解答如何展开 HMI 体验设计前，需要了解现在汽车的整体设计工作流程，一辆汽车的生产需要经过 V 型的开发流程（从目标的制定到目标的验证的过程），大体可以分为 5 个阶段：产品战略阶段、概念设计阶段、设计开发阶段、工程车阶段、生产阶段。

（2）HMI 设计开发流程。HMI 和 C 端 B 端的设计大部分一样，也需要与汽车工程师、市场人员、设计调研人员合作。不同的是 HMI 的设计更多会反复测试保证安全性优先的情况下，满足功能需求，整个 HMI 设计过程中及设计和实现是机密结合的。HMI 设计开发四大流程：

①需求分析调研评估。在整车开发项目中，HMI体验设计应该从立项时开始介入，主机厂在通过市场调研和用户需求分析等调研方法，分析出市场上存在的潜在需求后，从平台化角度评估需求的导入和定型验收，和样车研发同步进行。

②HMI创意设计。在得到用户需求分析和市场调研的数据后，将这些数据转化成为设计目标，得到初步的概念设计，之后在功能定义和产品开发达成一致之后，即项目目标正式确认，可开始进行细节和具体流程的设计。主要包含以下细分模块：产品功能配置、内饰设计、市场竞品对标、人因分析、硬件约束、软件约束、功能需求定义、交互设计、视觉设计。

③工程实现验证评估。在验证评估阶段中，通过台架仿真测试，或者提供特定评价用车和培训用车以及进一步的分析和质保路试。进行体验验证和设计迭代之后是系统开发、硬件开发、软件开发、整车测试与评价，即可开始生产批量试制(PVS)。

④开发测试。最后是工程开发验证阶段，跟进实车功能测评，生产批量试制流程冻结后，会进行批量生产前总演习(OS)，全面验证批产。所有流程环节都验证成功冻结后，产品则开始投入批量生产(SOP)。

2. 语音识别

1) 语音交互的发展

在互联网通信技术以及智能交通快速发展的环境下，汽车本身也逐渐演变成能集成各种信息源的载体，随着人工智能技术的突飞猛进和车联网应用的大范围普及，语音交互的准确率、响应速度、便利性上有了很大提高。

在国际上，宝马、奔驰、福特、大众等多家车企已经将语音交互技术整合到车机内，为用户提供方便、安全、高效的车内人机交互方案。而在2012年之前，中国汽车市场的语音交互几乎都是由国外公司定义的。随着2010年科大讯飞发布了全球首个智能语音云开放平台，自主语音技术占据市场主导。2011~2013年，云+端技术架构、全球首个车载麦克风阵列降噪模块的发布，标志着中国自主的车载语音交互产品效果已经反超国外，到2014年在行车高噪环境下识别率已经超过90%。吉利、长安、奇瑞、上汽等自主品牌积极与语音技术和产品公司合作，深度定制搭载语音交互技术的车载系统。

如图3-19所示，从语音交互整个处理链路来看，可将其分为3部分：语音输入、语音处理和语音输出。其中，语音输入包括：语音增强。语音处理包括：语音唤醒、语音识别、语义理解。语音输出包括：语音合成和音效增强。在2006年人工智能第3次浪潮推动下，利用深度学习理论框架将语音交互链路中各模块算法得到升级，并且配合大量数据持续迭代，语音交互成功率得到较大提升，达到可用的门槛，同时随着芯片算力的显著提升以及5G的普及，促进提高语音交互整体交互成功率。

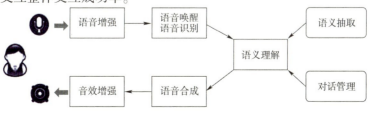

图3-19 语音交互全链路示意图

2）语音交互核心技术

（1）语音增强。声音的信号特征提取的质量将直接影响语音识别的准确率。车内环境噪声源包含发动机噪声、胎噪、风噪、周围车辆噪声、转向灯噪声以及媒体播放声等，这些噪声源都会减弱人声的信号特征，从而加大识别难度。

语音交互

如图3-20所示，基于麦克风阵列的语音增强流程包括：波束形成、语音分离、远场拾音与去混响、多通道降噪、声源定位和回声消除等技术，可有效抑制周围环境噪声，消除混响、回声干扰，判断声源的方向，保证较干净音频的输入，提高识别准确率，确保机器能"听得清"。目前，最新采用基于神经网络的降噪技术在高噪环境下取得较好效果。

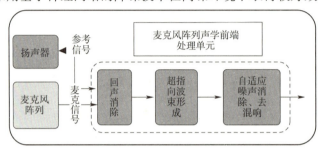

图3-20　语音增强处理流程

（2）语音唤醒。语音唤醒是现阶段语音交互的第一入口，通过指定的唤醒词来开启人机交互对话，其技术原理是指在连续语流中实时检测说话人特定语音片段，要求高时效性和低功耗。语音唤醒在技术发展上也经历3个阶段（图3-21）：启蒙阶段、技术探索阶段和大规模产业化阶段。从最初的模板规则到最新基于神经网络的方案。另外，配合语音增强中声源定位技术，可实现车内主副驾、前后排等多音区唤醒。

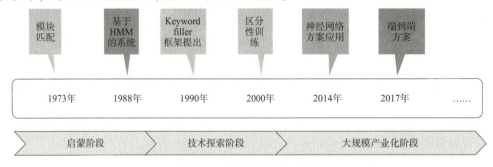

图3-21　语音唤醒技术发展史

（3）语音识别。语音识别的流程如图3-22所示，就是将人的语音内容转成文字。其技术原理主要包括两大模型——声学模型和语言模型，在技术从最初的基于模板的孤立词识别，发展到基于统计模型的连续词识别，并且在近几年深度学习爆发，将语音识别率达到新水平。当前语音识别中重点需解决以下3类问题。

①语音端点检测问题，能量VAD、语义VAD和多模态VAD。

②多语种和多方言统一建模问题。

③垂类场景和针对单独人群的个性化识别问题。

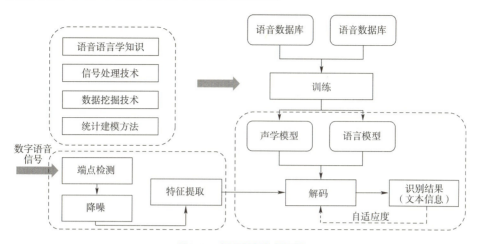

图 3-22 语音识别处理流程

(4) 语义理解。语义理解是当前语音交互中最难的一环,将人类的表达抽象成统一表示形式以让机器能够理解(图 3-23),在语音交互对话系统中主要包括:语义抽取、对话管理和语言生成。在技术方案上近几年随着词向量模型、端到端注意力模型以及谷歌最新 BERT 模型进步,语义理解正确率在部分垂直领域达到基本可用,如汽车领域头部技能"导航、音乐、车控、收音机和电话"等。但是,语义理解最核心的难点是语义表示问题和开放性说法等问题,导致在语义效果评判上很难统一,而这也是未来人机交互中最核心板块。

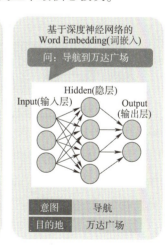

图 3-23 对话语义理解技术方案

(5) 语音合成。如图 3-24 所示,语音合成是将文字信息转化为可听的声音信息,让机器会说话,其技术原理是将文字序列转换成音韵序列,再用语音合成器生成语音波形。语音合成的方法主要有共振峰合成、发音规则合成、波形拼接合成和基于 HMM 参数合成 4 种。前 2 种是基于规则驱动,后 2 种基于数据驱动,目前主要以数据驱动为主。近年来,基于神经网络技术的语音合成,在主观体验 MOS 分达 4.5 分,接近播音员水平。另外,当前在个性化合成、情感化合成以及方言小语种合成等方面继续探索。

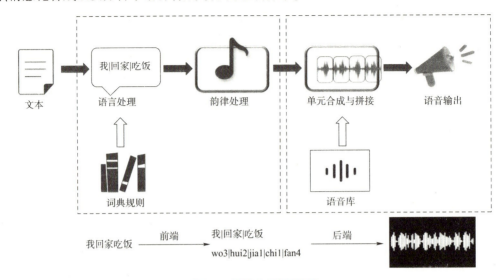

图 3-24　语音合成处理流程

（6）音效增强。音效增强是语音交互全链路最后一环，在基于车内复杂噪声环境及扬声器位置造成的复杂声场环境，进行专业的声学系统设计与调教，还原出自然清晰舞台感明确的音响效果。未经过专业声学处理的音响系统，会丢失声音的定位信息，不能还原音乐的左右空间感和前后纵深感。声音出现杂乱无章，从各个地方出来并互相干扰。根据不同场景包括：3D 沉浸环绕声、发动机阶次消除（Engine Order Cancellation，EOC）、超重低音、高精度声场重建、声浪模拟、提示音播报优化、延时修正、声场重建、虚拟低音、限幅调整和车速补偿等音效算法技术。通过加入高级环绕算法，音量随车速动态增益，主动降噪，引擎声优化，能为汽车打造音乐厅级的听感体验，如图 3-25 所示。

图 3-25　车载音效示意图

3）目前存在的问题

当前语音交互已经达到基本可用状态，用户已经可以通过语音做垂类领域信息查询以及车辆控制等，但还有以下问题有待解决。

（1）核心技术上需要继续突破，包括高噪声环境、方言、口音、童声等因素下语音识别鲁棒性问题，语义理解的泛化性以及歧义性问题，个性化和情感化语音合成问题等。

（2）语音交互模式上的持续优化，从最初单轮 One-shot 模式到全双工免唤醒模式，需要在系统误触发方面技术突破。

（3）信源内容深度对接和打磨，语音交互只是入口，用户希望通过语音便捷的获取到更有价值、更有趣的内容，则需要语音交互各模块能力与信源内容深度耦合。

4）语音交互技术发展趋势

（1）从"主副驾交互"到"多乘客交互"。目前，智能汽车中应用场景交互主要考虑的是主驾驶方位和副驾驶方位两侧,而对于后排的乘车人员的交互过程和交互效果没有得到很好的保证。例如,在功能范围内,主驾驶和副驾驶人员基本可以自由地与车机对话,实现相应的功能,但是对于后排乘客,就有很多制约条件,后排人员距离麦克风位置较远,语音指令不能被很好地检测到,整体交互效果较差。

基于整车多乘客需求,未来将会在车内实现"多乘客交互"的目标。所谓"多乘客交互"就是,将以往采用的双音区技术更改为四音区技术,在每一个位置前都装一个麦克风,可以让各自位置的乘客通过语音或者其他交互方式控制各自的交互设备,即使在同一时间说出指令也互不影响。例如,当后排右后座位乘客想要打开或者关闭自侧车窗时,可以直接语音指令说"打开车窗/关闭车窗"就可以打开右后侧车窗,其他方位不受影响,而驾驶人(主驾驶)语音指令说"打开车窗"时,也只会打开主驾驶一侧的车窗,不会打开车内全部车窗,这也是未来智能汽车更智能更人性化的一种表现。

(2)从"被动式执行机器人"到"拟人化贴心助理"。随着智能化技术的不断进步,单纯的功能型产品已经不能满足用户的需求了,用户想要在保证功能的前提下也可以感受到更多的"以人为中心"的产品服务,真正实现让汽车越来越理解人、越来越有温度的理念。通过用户交互的历史数据生成用户的知识图谱和交流风格画像,生成一个针对用户的个性化人机交互策略。该策略具备调动车载系统各项服务(如车控、音乐、导航、游戏等)的能力,以虚拟形象或实体机器人的方式生成符合用户个性化需求的外表和声音特性与用户进行主动或被动的交流。例如,用户在车上说"查找附近的餐馆",机器会依据用户的口味和习惯自动推荐符合该用户餐馆;驾驶人在开车过程中,机器预测到驾驶途中天气情况恶劣,则主动告知驾驶人天气信息注意开车;车辆发生故障,机器主动告知车辆故障情况,并引导驾驶人到最近的4S店维修;驾驶人心情不好时,机器能够推荐一些喜欢的歌曲或者讲一些笑话等。

(3)从"车内交互"到"跨场景交互"。物联网的出现可以让所有能行使独立功能的普通物体实现互联互通,借助于物联网的浪潮,汽车内跨场景交互也将是智能汽车未来发展的必然趋势。

当前,汽车人机交互的使用场景过于单一,车机系统放在车内只可以控制车内的设备,而对于车外其他场景的控制却无能为力。比如,在车内控制自己家中的设备,在车内控制自己办公室的设备,在家中控制车内的设备,在公司控制自己车内的设备,未来"智能汽车-智能家居""智能汽车-智能公司"的跨场景交互的实现等,不仅可以给车主提供一体化的车—家、车—公司的互联生活,也让智能汽车的发展达到了一个崭新的制高点。

(4)从"语音交互"到"多模态交互融合协同。"语音交互的方式已经成为汽车内人机交互的主流方式,但是当车内的噪声比较大时,单纯的语音交互方式就不能完全满足用户的需求。此时,多模态融合的交互方式就显得尤为重要。用户的诉求就可以通过手势识别、表情识别等多模态相协作的方式来表达,从而完成交互过程。

多模态融合的交互方式可以根据用户当前所处的场景需要给用户提供不同的交互过程。当驾驶人在行驶时,眼动跟踪技术会持续检测驾驶人的眼睛,表情识别会随时检测驾驶人脸部表情,当检测到驾驶人出现眼皮下垂、眨眼次数频繁或者打哈欠时,就会对驾驶人执行语音提示,并自动打开空调设备或者是打开车窗,做一系列给车内通风的动作来帮助驾驶人恢复精神。如果在高速行驶会自动导航至附近的休息站或者是服务区,不在高速行驶时就会语音提示驾驶人临时靠边停车,以确保驾驶人的行车安全。表情识别可以实时检测驾驶人的面部表情,进而根据驾驶人当前所处的场景来判断其心理情绪,并根据其情绪自动语音打开合适类型的音乐,开启相对应的氛围灯,调节车内氛围以适应车内驾驶人的当下心情,给驾驶人更亲和、更智能化、更沉浸式的体验感受。

3. 人脸识别

人脸识别是基于人的脸部特征信息进行身份识别的一种生物识别技术,如图 3-26 所示。用摄像机或摄像头采集含有人脸的图像或视频流,并自动在图像中检测和跟踪人脸,进而对检测到的人脸进行脸部识别的一系列相关技术,通常也叫做人像识别、面部识别。

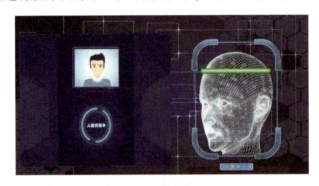

图 3-26　人脸识别示意图

1) 人脸识别系统的工作原理

简单来讲,人脸识别技术主要包括三大步骤:一是建立一个包含大批量人脸图像的数据库;二是通过各种方式来获得当前要进行识别的目标人脸图像;三是将目标人脸图像与数据库中既有的人脸图像进行比对和筛选。

根据人脸识别技术原理具体实施起来的技术流程则主要包含以下四个部分:人脸预处理、特征提取、特征比对、人脸识别结果输出,如图 3-27 所示。

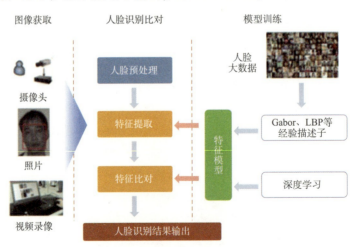

图 3-27　人脸识别系统的技术流程

（1）人脸图像采集及检测。人脸图像采集：不同的人脸图像都能通过摄像镜头采集下来，如静态图像、动态图像、不同的位置、不同表情等方面都可以得到很好的采集。当用户在采集设备的拍摄范围内时，采集设备会自动搜索并拍摄用户的人脸图像。

人脸检测：人脸检测在实际中主要用于人脸识别的预处理，即在图像中准确标定出人脸的位置和大小。人脸图像中包含的模式特征十分丰富，如直方图特征、颜色特征、模板特征、结构特征及 Haar 特征等。人脸检测就是把其中有用的信息挑出来，并利用这些特征实现人脸检测。

（2）图像预处理。对于人脸的图像预处理是基于人脸检测结果，对图像进行处理并最终服务于特征提取的过程。系统获取的原始图像由于受到各种条件的限制和随机干扰，往往不能直接使用，必须在图像处理的早期阶段对它进行灰度校正、噪声过滤等图像预处理。对于人脸图像而言，其预处理过程主要包括人脸图像的光线补偿、灰度变换、直方图均衡化、归一化、几何校正、滤波以及锐化等。

（3）人脸图像特征提取。人脸识别系统可使用的特征通常分为视觉特征、像素统计特征、人脸图像变换系数特征、人脸图像代数特征等。人脸特征提取就是针对人脸的某些特征进行的。人脸特征提取，也称人脸表征，它是对人脸进行特征建模的过程。比较常用的人脸特征提取的方法是基于知识的表征方法，其主要是根据人脸器官的形状描述以及他们之间的距离特性来获得有助于人脸分类的特征数据，其特征分量通常包括特征点间的欧氏距离、曲率和角度等。人脸由眼睛、鼻子、嘴、下巴等局部构成，对这些局部和它们之间结构关系的几何描述，可作为识别人脸的重要特征，这些特征被称为几何特征。基于知识的人脸表征主要包括基于几何特征的方法和模板匹配法。

（4）人脸图像匹配与识别。提取的人脸图像的特征数据与数据库中存储的特征模板进行搜索匹配，通过设定一个阈值，当相似度超过这一阈值，则把匹配得到的结果输出。人脸识别就是将待识别的人脸特征与已得到的人脸特征模板进行比较，根据相似程度对人脸的身份信息进行判断。

这一过程又分为两类：一类是确认，即一对一进行图像比较的过程；另一类是辨认，即一对多进行图像匹配对比的过程。

2）人脸识别系统的特点

（1）人脸识别系统的优点。人脸与人体的其他生物特征（指纹、虹膜等）一样，具有唯一性和不易被复制的良好特性，这为身份鉴别提供了必要的前提，与其他类型的生物识别比较，人脸识别具有如下特点：

①非强制性：人脸识别完全利用可见光获取人脸图像信息，用户不需要专门配合人脸采集设备，几乎可以在无意识的状态下就可获取人脸图像，这样的取样方式没有"强制性"。而指纹识别或者虹膜识别，需要利用电子压力传感器采集指纹，或者利用红外线采集虹膜图像，这些特殊的采集方式很容易被人察觉，从而更有可能被伪装欺骗。

②非接触性：不需要用户和设备直接接触就能获取人脸图像，提高了数据采集的速度。

③并发性：在实际应用场景下可以进行多个人脸的分拣、判断及识别。计算机系统能够同时处理多个请求，响应更快。

④符合视觉特性:具有操作简单、结果直观、隐蔽性好等特点。

(2)人脸识别系统的缺点。人脸识别被认为是生物特征识别领域甚至人工智能领域最困难的研究课题之一。人脸识别的困难主要是人脸作为生物特征的特点所带来的。

①人脸的相似性区分。不同个体之间的区别不大,所有的人脸的结构都相似,甚至人脸器官的结构外形都很相似,如图3-28所示的双胞胎人脸识别。这样的特点对于利用人脸进行定位是有利的,但是对于利用人脸区分用户个体是不利的。

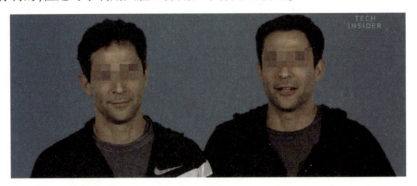

图3-28 双胞胎人脸识别

②受光照问题影响。光照问题是机器视觉的老问题,在人脸识别中的表现尤为明显。由于人脸的3D结构,光照投射出的阴影,会加强或减弱原有的人脸特征。

③受表情、姿态等影响。与光照问题类似,表情、姿态也是目前人脸识别研究中需要解决的一个技术难点。表情、姿态涉及头部在三维垂直坐标系中绕三个轴的旋转造成的面部变化,其中垂直于图像平面的两个方向的深度旋转会造成面部信息的部分缺失,如图3-29所示。针对表情、姿态的研究相对比较的少,目前多数的人脸识别算法主要针列正面、侧面的人脸图像。在发生俯仰或者左右侧面等比较厉害的情况下,人脸识别算法的识别率也将会急剧下降。面部幅度较大的哭、笑、愤怒等表情变化同样影响着面部识别的准确率。

图3-29 表情姿态问题

④受遮挡问题影响。对于非配合情况下的人脸图像采集,遮挡问题是一个非常严重的问题。特别是在监控环境下,往往被监控对象都会戴着眼镜、帽子等饰物,可能使得被采集出来的人脸图像不完整,从而影响了后面的特征提取与识别,甚至会导致人脸检测算法的失效。

⑤受年龄变化影响。随着年龄的变化,面部外观也在变化,特别是对于青少年,这种变化更加的明显。对于不同的年龄段,人脸识别算法的识别率也不同。一个人从少年变成青年,变成老年,他的容貌可能会发生比较大的变化,从而导致识别率的下降。对于不同的年龄段,人脸识别算法的识别率也不同。

⑥其他问题影响。除了以上因素外,图像质量低、样本缺乏、海量数据和大规模的人脸识别等,对人脸识别算法的精确度也会造成一定的影响。

4. 手势识别

1) 概述

近年来,手势交互产品不断涌现,如任天堂 Wii 和微软 Kinect 等已经彻底地改变了传统游戏的交互方式,智能家居、智能手机、汽车交互和各类 AR 产品不断地改变着人们的生活方式。这些设备能够识别常见的手势和身体姿势,而汽车手势交互作为一个较新的交互设计领域,为交互设计提供了新的挑战和机会,如图 3-30 所示。

手势识别

图 3-30　手势交互与汽车手势交互

手势交流是人的本能,在学会语言和文字之前,已经能用肢体语言与人交流。它使人类能够与机器(HMI)进行通信,并且无须任何机械设备即可自然地进行交互。基于视觉的手势识别主要包括:手势分割、手势特征提取、静态手势识别、动态手势识别。简单地说,手势识别就是一种用手势来直接控制计算机运算的一种技术,简单且便捷,如图 3-31 所示。

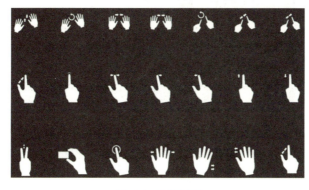

图 3-31　手势识别

汽车手势交互属于新兴的行为设计门类,具有巨大的发展潜力。与人脸识别、HUD 显示和语音命令等先进技术相结合,将更好地应用于汽车交互。在即将到来的环境交互时代,为了更有效地沟通技术与人,手势作为人们与生俱来的一种自然交互方式,不依赖界面等第三方设备,能够最大限度地减少认知和视觉沟通成本,在环境交互时代具有巨大的发展潜力。

2)应用实例

车辆手势控制是控制车辆信息娱乐系统的最新方式。传统交互以按键、旋钮等实体为主。最近几年,语音交互逐渐被载入车机系统。而手势交互作为其他交互的补充也在发挥着越来越重要的作用,下面通过三款车型来更好地认识手势交互在汽车中的应用。

BMW 宝马 7 系采用了第一代手势控制技术,这一创新技术令人机交互方式再次升级,进一步解放了驾驶人的双眼,降低了疲劳程度,也让操作更加简便。

目前,这套系统支持多种预设手势控制,通过中控台上方的 3D 传感区域检测和识别手势动作。通过左右挥手、空中轻点和横扫、手指画圈以及两个手指的平行或斜向拖曳的一系列动作,用户可以接听、拒听电话、控制音量,或进行翻页查询交互界面信息、缩放地图页面、转动摄像头视图等操作。

手势控制还预留了一个自定义的手势控制动作,用户可通过食指和中指空中点击进行个性化手势设定,如"引导至家庭住址""开关静音""最近使用的菜单""历史通话"等。BWM 2018 的手势操作在一定范围内执行有一定的局限性;而与动作标准相统一,加大了操作难度。就这一点来看,在操作系数较大的动作时,不如用物理按键来操作(如音量调节)。另外,该手势操作还不能智能识别,这将会加大误操作率。

在宝马"手势控制"成功应用之后,拜腾汽车也想在他们大屏上应用手势(控制),因此与 uSens 凌感科技合作研发"三维手势控制",并将其应用到了车载手势上,可提供"语音 + 触摸 + 手势控制"三种交互方式。其中,转向盘上 8.8in 的液晶屏可以触摸控制,1.25m 的大屏则采用独特的手势控制技术,如图 3-32 所示。

图 3-32 三维手势控制

拜腾车内的任何位置都可以用简单易行的手势控制大屏,对其信息进行打开、关闭、挪动等,还可以用手抓取一个地点,抛进大屏中央的地图里,从而启动导航。

拜腾手势操作方便、实用。三块屏交互操作可以提升车的整体融合度。可以随外界光线而调整屏幕亮度。但是,车内大量裸露的传感器从外观上看有些突兀。另外,手势操作和UI设计既有苹果iPad的影子也融入了Windows分屏的理念。这样的手势操作目前还需要有一定的学习成本。

君马SEEK5的手势控制的识别区域在车辆的中控台出风口正下方的区域,驾驶人只要在这一区域做出手势,车辆就可以自动识别。识别距离根据用户在座舱的位置设定为15~35cm。

它可以识别的手势可能有8种,主要集中在多媒体系统的控制方面。将手心向上抬手的姿势,即可提升车载音响的音量。将手心向下,做出下压的手势,车载音响的音量将降低。做出胜利的V字形手势,手指向前,可暂停或者播放内容。右手攥拳,拇指伸出,手心向下,这个手势意味着切至上一曲。右手攥拳,拇指伸出,手心向上,这个手势意味着切至下一曲。当来电时,驾驶人右手做出数字"6"的手势,手心向上,就是接听电话;而手心向下,就是挂断电话,如图3-33所示。

图3-33 手势控制识别

君马SEEK 5的手势操作区域空间较拜腾的每个位置可识别来说,存在一些局限性。另外,该款车手势操作仅能操作多媒体界面,范围比较窄。如果能够提供个性化设置满足用户需求,就会避免单一的情况了。其实现在应用手势交互的车还有很多,如捷豹路虎、梅赛德斯-奔驰S级轿车、SEAT Ibiza、大众高尔夫、Ford Escape/Kuga等,而制造商大陆集团和uSens凌感科技等也都在对手势交互做进一步的研究。

3)现状与发展

目前,手势操作存在的问题主要有以下几个方面:

(1)识别率:计算机面临的最大挑战之一是区分真实意图和人们自然做的所有意外手势,如在与某人交谈时移动双手。如果识别不了会很麻烦,若意外触发操作并遇到不稳定的用户界面,则功能无法实现。

(2)可靠性:如果可靠性不好,在驾驶汽车时容易出事故,对安全造成影响。

(3)一致性:无论是用左手,还是用右手触发手势,这种一致性都适用于我们中的左撇子,还支持学习和采用。所以,如果你已经学会了一个手势,就无须因为指定手势而苦恼。

一致性需要贯穿整个概念,就像任何 UX 项目一样。创建成功的手势+操作组合后,需考虑是否需要在其他用例中启用任何类似操作。

(4)光线:汽车手势交互方式也有一定的局限性,如需要考虑不同光环境对传感器的灵敏度的影响(如汽车进出隧道引起的光强变化),汽车手势的作用受空间限制,并受限于用户的认知承受能力等。

汽车手势交互的未来发展主要体现在以下几个方面:

(1)多模式交互相结合。未来随着 AR HUD 技术在车载电子中的不断普及,语音交互、人脸识别的不断应用、无人驾驶技术的不断成熟,车联网时代即将到来,车载人机交互将发生革命性的改变。手势识别技术将在这次产业升级、技术更新当中扮演着重要的角色。例如,将微动手势识别与 HUD 结合时,可以保证用户视线不离开前方道路的情况下实现信息的实时反馈,在保证行车安全的前提下,大大提升车机交互的体验。

(2)最大限度地减少驾驶人分心。驾驶人在驾驶时分心正在成为影响交通安全的一个巨大问题,直观的操作可减少驾驶人分心,提高驾驶安全性,而在转向盘上识别手势,可最大限度地减少分心。安全和降低认知负荷是所有汽车交互需要考虑的首要问题。在未来将尽量采用容差性较强的手势捕捉方案,以实现手势的大范围模糊操作,降低错误率,减少需要手眼协调的情况。

(3)降低学习难度。相应的汽车手势及应用都应该是简单易学的,并且手势的数量需要得到严格限制,从而降低用户的分心和操作失误可能性。筛选出几个具有强烈直观性和低心理负荷的手势,组成手势数量较小的手势集,以降低驾驶人学习难度和心理负荷。可以采用同一种手势来控制不同界面的不同功能,降低各种应用程序的复杂性并优化系统成本。

(4)建立统一标准。如图 3-34 所示,由于各种移动设备、桌面设备和物联设备等都将通过手势实现应用,用户将在一个设备上学会的手势自然应用到另一个平台上,这就会导致手势标准的生成。尽管目前业界还没有形成统一的标准,但不久的将来必然会有类似的组织和标准出现。

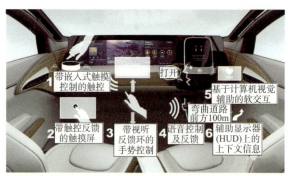

图 3-34 手势控制的标准问题

手势控制是世界上不断发展的技术之一,它的应用是无止境的。良好的汽车手势交互设计需要注意用户需求与技术的平衡,目前的汽车手势交互还在萌芽状态,在未来,手势识别很可能与语音识别、人脸识别等技术一道,成为未来车内自然交互方式中的重要组成部分。在未来的设计中,设计师的角色需要进行调和,达到技术和用户需求的平衡。

> **拓展阅读**

厦门金龙汽车人机交互技术

如图 3-35 所示,阿波龙人机交互技术具有友好的人车交互体验,实现与车内乘客、车外行人及其他车辆的互动,它主要包括显示大屏、智能交互车机和安全员 Pad。显示大屏主要是展示线路行程信息,以阿波龙车身视野,实时显示自动驾驶系统感知和决策信息,展示云端预设的多媒体内容,实现站点导航。智能交互车机基于小度车载 OS,一是可进行实时语音交互,如天气查询等;二是能够进行语音控制多媒体播放,如音乐、多媒体等;三是趣味娱乐小功能,如阿波龙动态介绍、拍照分享等。安全员 Pad 一是进行自动驾驶系统管理,如系统关机/重启等;二是具备运营管理功能,如临停/启动,车门/车灯控制等;三是能够进行驾驶辅助显示,如 DV 显示、倒车雷达显示等。

图 3-35 阿波龙人机交互技术

> **技能实训**

汽车以太网络的搭建和认知

1. 实验目的
(1)实施智能网联汽车以太网的搭建,掌握方法和步骤,正确使用相关材料和工具。
(2)应用智能网联汽车以太网的基础知识,能够进行一般的故障排查。
2. 实验场地与设备
1)实验场地
(1)可以实车操作,也可以试验台操作。
(2)场地大小应可以摆放相关设备,满足各项测试的需要。
2)实验设备
(1)工控机一台。
(2)M810 视频处理器一台。
(3)Cisco 或类似品牌 8 口交换机一台。
(4)激光雷达一套。
(5)视觉传感器一台。
(6)上述设备的供电设备。

（7）Wi-Fi 热点，或者组合惯导 +4G 上网卡一张。

（8）云端平台。

（9）拆卸组合惯导 SIM 卡盖板螺丝刀一只。

3. 实验注意事项

（1）实验器材较多，应合理摆放，避免跌落。

（2）激光雷达为贵重物品，应小心使用。

（3）勿折叠线材，避免造成损坏。

4. 实验内容和步骤

1）认识以太网络交换机

如图 3-36 所示，以太网络交换机是小车以太网络设备数据交换的中枢，每一个以太网口可以连接一台设备，连接在交换机上的设备可以相互通信。常见的交换机有 8 口、16 口、24 口等，数一数需要联网的设备数，判断一下 8 口交换机是否够用。

2）内网和外网的认知

连接在交换机上的设备可以相互通信，称为内网。小车的数据需要传递给远端的计算机，这叫做连接外网。连接到远端的计算机理论上可以通过网线、通过无线 Wi-Fi（图 3-37，需要 Wi-Fi 热点）或通过 4G/5G 模块（需要配备移动、电信、联通的 4G/5G 上网卡）。

图 3-36　以太网络交换机　　图 3-37　MB10 的 Wi-Fi 联网

想一想：上面三种联网技术中，哪一种在移动的汽车上不可行，哪一种仅能用于园区而不能用于开放道路，哪一种通用性最好但费用最高？

找一下 M810 的 Wi-Fi 天线，想一想实际使用中天线松动或脱落会有什么故障现象，在后续组网成功后可以通过拧下天线验证。

图 3-38　组合惯导 4G 模块

用合适的螺丝刀打开图 3-38 所示的组合惯导 SIM 卡模块盖板，检查 4G 卡有没有正常安装。

3）内网组网

请使用网线将工控机、M810 视频处理器、视觉传感器和激光雷达分别接入交换机的任意四个接口。给各设备包括交换机上电。检查一下交换机接入网线的四个口是否有指示灯亮起。

想一想：所有的指示灯都不亮可能会是什么故障？某一个接口的指示灯不亮可能会是什么故障？图 3-39 标注了四个联网设备的 IP 地址，进入工控机控制台，分别去 ping 其他三个设备的 IP 地址。如果相应设备的 IP 地址 ping 不通，会是什么故障？

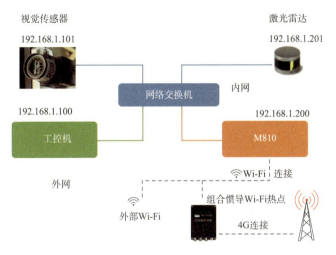

图 3-39 汽车组网图

4）外网联网

（1）M810 的 Wi-Fi 模块可以连接学校实验室的 Wi-Fi 热点，也可以连接组合惯导模块提供的热点，热点名称和密码已经配置在 M810 设备中。

（2）所有设备上电，打开工控机浏览器，输入一个常用的网站，比如 http://www.shnhzx.com/，查看是否可以连通。

（3）进入云平台实训网页，查看是否显示小车实时状态。

（4）拧下 M810 的天线，验证是否可以联网。

想一想：如果连接的是组合惯导的热点上外网，组合惯导的 4G 卡没有安装或者 4G 卡流量耗尽会有什么影响？

5）网关的认知

M810 连接的 Wi-Fi 热点，工控机也可以上外网的原因是系统中 M810 充作了网关（Gateway）的缘故。所有工控机发送到外网或者从外网接收到的数据都要经由 M810 进行转发。

可以尝试拔掉 M810 和交换机的连线，验证工控机上的浏览器是否还可以上网。

5. 评价总结

（1）组内互评，见表 3-1。

表 3-1 组内互评

组员	安全规范			任务完成			团队精神 （1~5分,5分最高）			职业素养 （1~5分,5分最高）	
	差	中	良	优	差	中	良	优	领导协调	沟通合作	配合执行	保持环境整洁	文明懂礼
组员1													
组员2													

续上表

组员	安全规范				任务完成				团队精神 (1~5分,5分最高)			职业素养 (1~5分,5分最高)	
	差	中	良	优	差	中	良	优	领导 协调	沟通 合作	配合 执行	保持环境 整洁	文明 懂礼
组员3													
组员4													

(2)自我评价,见表3-2。

自我评价　　　　　　　　　　表3-2

任　　务	评 价 等 级			
	不会	基本不会	会	很熟练
(1)认识以太网络交换机				
(2)内网和外网的认知				
(3)内网组网				
(4)连接外网				
(5)网页端查看SVS组装效果				

(3)教师总评(1~5分,5分最高),见表3-3。

教师总评　　　　　　　　　　表3-3

遵守纪律	安全规范	任务完成	团队精神	职业素养	总　　评

思考与练习

一、判断题

1.整车按博世定义的五域分类划分为动力域、底盘域、座舱域、自动驾驶域和车身域。　　　　　　　　　　　　　　　　　　　　　　　　　　　　　(　　)

2.信息娱乐系统主要为车内人机交互提供控制平台,追求多样化的应用与服务,以Linux和Android为主。　　　　　　　　　　　　　　　　　　　　　(　　)

3.OTA分为两类:一类是FOTA(固件在线升级);另一类是SOTA(软件在线升级)。(　　)

4.腾讯车载小程序目前大致分为三类:出行服务小程序、生活服务小程序和视听服务小程序。　　　　　　　　　　　　　　　　　　　　　　　　　　　　(　　)

5.从语音交互整个处理链路来看,可将其分为两部分:语音输入和语音输出。　(　　)

6.人脸识别系统的工作流程包括人脸图像采集及检测、人脸图像预处理、人脸图像特征提取以及匹配与识别。　　　　　　　　　　　　　　　　　　　　　　　(　　)

7.DMS的功能可以包含六项,分别为人脸识别、左顾右盼分神提醒、打哈欠报警、疲劳驾

驶报警、打电话警示、抽烟提醒。（　　）

8. 智能座舱基础平台包括硬件平台、交互平台系统软件和功能软件几个部分。（　　）

9. 车载移动通信主要是指车内通信、车际通信、车云通信,实现本地数据间、本地数据与环境数据、本地数据与云端数据的传输和交互。（　　）

10. 汽车电气架构把汽车中的各类传感器、ECU（电子控制单元）、线束拓扑和电子电气分配系统整合在一起完成运算、动力和能量的分配,进而实现整车的各项功能。（　　）

二、选择题

1. 下列（　　）不是智能汽车的组成部分。
   A. 车联网　　　　　　　　　B. 自动驾驶
   C. 人脸识别　　　　　　　　D. 智能座舱

2. 智能座舱包含（　　）。
   A. 车联网　　　　　　　　　B. 线控底盘
   C. 车内驾驶　　　　　　　　D. 乘坐空间

3. 下列技术中,（　　）是目前市面上的汽车智能座舱已经搭载的人机交互技术。
   A. 语音交互　　　　　　　　B. 视觉交互
   C. 触觉交互　　　　　　　　D. 手势交互

4. 假设小明在智能座舱上使用语音询问今天的天气如何,其中涉及的（　　）参与了这项功能的实现。
   A. 生态层　　　B. 物理层　　　C. 系统层　　　D. 应用层

5. （　　）是目前主要的车载操作系统。
   A. Linux　　　B. 黑莓 QNX　　C. Windows　　D. Android

6. 车载以太网协议是一组多个不同层次上的协议簇,但通常被认为是一个（　　）层协议系统。
   A. 1　　　　　B. 2　　　　　C. 3　　　　　D. 4

7. HMI 是（　　）的缩写。
   A. 人机接口　　　　　　　　B. 人机交互
   C. 人机互动　　　　　　　　D. 人机通信

8. 汽车网关的主要功能是在（　　）和 ECU 之间提供安全、无缝的通信,包括在车辆的许多内部网络和外部世界的网络之间架起桥梁。
   A. 人　　　　　B. VCU　　　　C. MCU　　　　D. 网络

9. 声音的（　　）提取的质量将直接影响语音识别的准确率。
   A. 音质特征　　　　　　　　B. 信号特征
   C. 音调特征　　　　　　　　D. 音色特征

10. 人脸识别技术原理具体实施起来的技术流程为（　　）。
    A. 人脸图像采集及检测、人脸图像预处理、人脸图像特征提取以及匹配与识别
    B. 人脸图像预处理、人脸图像特征提取、人脸图像采集及检测以及匹配与识别
    C. 人脸图像特征提取、人脸图像采集及检测、人脸图像预处理以及匹配与识别

D．人脸图像预处理、人脸图像采集及检测、人脸图像特征提取以及匹配与识别

三、简答题

1. 车载虚拟化的技术要求是什么？
2. 简述 OTA 升级对于智联网汽车的意义。
3. 车载以太网的性能测试包括什么？
4. 汽车 HMI 是什么？
5. 手势识别的发展趋势是什么？

模块四　智能座舱调试与测试

学习目标

▶ 知识目标

1. 解释智能座舱调试与测试；
2. 列举智能座舱调试与测试的种类与内容；
3. 能够梳理归纳智能座舱测试与调试的方法，能思考预测智能座舱测试与调试方法的发展趋势。

▶ 技能目标

1. 能够实施智能座舱的部分功能的测试与调试；
2. 能够评价智能座舱的相关功能。

▶ 素养目标

1. 具备主动查询资料信息检索的能力，主动了解汽车智能座舱测试与调试不同方法的具体实现方案，保持专业的敏感度；
2. 培养协同合作精神以及团队合作的能力，享受共同学习带来的快乐。

建议课时

6 课时

智能座舱的手动验证测试

1. 手动验证测试的内容及所需要人员

测试需要的人数根据项目的进度以及整个项目的工作量来决定。主机厂测试团队一般规模不会太大，需要测试的模块大概分为：车机、仪表、T-Box、其他智能附件。车机的基础模块有：地图、语音、车控、多媒体（音乐，收音机类）、账号、车辆设置、空调、开机自检、消息中心、电源管理、音频逻辑、360倒车及自动泊车、OTA升级等模块。人数安排如下：

(1) 地图：1人。
(2) 多媒体（音乐，收音机类）：1人。
(3) CAN信号类：1人。
(4) 语音：1人。
(5) OTA：1人。

(6) T-Box：其功能主要是4G模块、通信模块，以及相关协议测试，因此找一个经验丰富的人即可。需要人数：1人。

(7) 仪表：主要是需要对一些信息显示，包括故障指示灯、蜂鸣、提示框等。需要人数：1人。

(8) 其他智能附件：1人。

以上是对智能座舱基本功能测试人员的需求，总人数10～12人。如果按照12人来招聘，高级及以上4人，中级5人，初级3人，这样基本上就可以搭建出一个完整的测试团队。对于性能自动化之类，则需要公司自研系统，要再增加相关的研发人员。

2. 测试计划及测试环境

1) 项目前期

当决定搭建测试团队，需要先把测试团队所需要的软件+硬件罗列清楚，并给出相关购买清单进行审批，保证后续基本的测试环境。每个项目都有自己的年度开发计划，所以制订年度测试计划的主要依据就是开发计划。可先将年度测试计划进行详细的划分，根据不同模块的基础功能交付时间，对于团队组建、测试用例的编写、测试用例的执行以及修改后的版本的回归，制订出不同时间段的测试计划。年度测试计划包括：测试环境搭建、测试用例制作及评审、验收测试、全功能测试、多方联调、外部路测、回归测试。然后根据前期团队人员，以及开发进度，制订详细的内部测试计划，其中包括用例的覆盖范围、功能验收标准、每个人的功能清单、定期的检查范围。基本上前期就是制定测试计划，购买相关设备，组建测试团队等事情。该阶段相对于其他阶段会比较忙。

2) 项目中期

这时的人员配置基本上已经满足测试需求了，此阶段主要是对人员的管理以及项目进度的跟进。可大致分为：制定绩效评判标准、管理测试进度、提供测试上无法解决的帮助、对每个人的性格及其擅长的部分进行摸底。一般情况，在前期都能大致掌握，之后对熟悉的模块进行分配，并制定详细的绩效考核标准。当团队人员基本组建齐之后，可以开会把年度的绩效标准拟定，这是年底对每个人绩效打分的基本标准，必须让每个人清楚地认识到未来该如何去做。另外，对每个人的模块制订详细的测试计划，在什么时间将用例写完，在什么时间进行内审和外审。这些都需要有一个详细的计划，然后每周进行工作进度的汇报以及下周工作的计划。这时有的公司会采用外部监管来进行进度的管理和验收，内部主要是验收测试，所以配件供应商，要有详细的测试计划，并提供详细的测试报告。每周要与配件供应商商讨问题的解决时间以及所需要的帮助，从外部测试、内部测试两方面着手。中期联调，不要把所有需要联调的问题放在后面，提前做好各个模块的联调功能，特别是OTA升级以及T-Box模块，这两个模块涉及面广，需要联调的功能较多，所以需要提前将联调的功能罗列好，抓紧催促供应商及相关人员开始台架联调。

3) 项目中后期

一旦项目到了中后期，系统始终要保持良好的状态，功能开发完毕后要安排好团队内部人员的实车计划，对系统在实车上的表现进行评估，需要联调的问题尽快找相关人员联调解决。

实车路试：根据前期制订的路试计划，可以安排人员对稳定的版本进行实车测试，根据每日汇报的问题与相关人员对每个问题进行逐个分析。实车联调需要提前做好准备，在这个阶段就要把相关人员召集起来，并根据联调的问题开始实车联调。这一阶段针对的就是实车上的问题，该类问题较多，应预留好联调时间，使测试人员摸清每个模块是否有需要联调的漏洞，做到不遗漏。

工厂对接：在项目中后期，工厂下线的车越来越多，这时就要控制好版本的发放，以及对接好工厂的问题清单。这些需要人员出差解决，做好调配，必要情况下项目负责人还需要不定时地到访工厂。

4）项目后期

后期则准备进入量产阶段，系统的功能都测试完毕，没有重大漏洞，此时主要是对接一些小需求的变更，以及实车漏洞的解决，还有其他项目的准备工作。后期需要坚持两个原则：一是设计变更时，重新评估测试时间；二是加强团队内部管理，做好测试流程体系的建立。因为设计变更都会对测试造成影响，当以上情况有变化时，需要重新评估一下所需的测试时间，包括路测以及问题回归等时间。测试负责人就要全程对开发进度以及变更的细节进行了解，多交流、多跟进，做好协调工作。

在项目后期，发版频率就比较少了，该阶段不能放松对人员的管理，要制定合理的回归测试并开始提交日报。同时，团队内部开始交流经验，将各自擅长的工作编写成文档并在团队内部组织培训，提高每个人对模块的理解。这时可以交换功能测试，增加团队内部人员的测试经验。

智能座舱的自动验证测试

为了缩短整车开发周期，进一步实现座舱系统的智能化和网联化，确保敏捷开发、快速迭代，可以采用自动验证测试进行智能座舱测试。智能座舱测试系统主要集成了自动化测试机柜、机器人测试箱和工控机。其中，机器人测试箱主要有机械臂、定制化触手、人工嘴、拾音器、高帧摄像头、高清摄像头、通用夹具等，用于代替人工操作和识别判定，完成信息娱乐的功能和性能自动化测试。例如，UI 的功能逻辑验证、画面流转、多屏同步、语音交互、总线监控仿真、响应时间、流畅度等。

从智能座舱域部件级的功能测试角度来看，主要聚焦以下几方面的测试：车辆和环境信息显示功能：中控、仪表、HUD、智能电子后视镜、电子后视镜、A 柱等显示交互。娱乐、浏览功能：本地和在线的媒体播放、游戏以及文档和网页浏览阅读等。配置、设置和控制功能：个人账户、车辆/驾驶信息设置、App 安装/卸载等。AR 导航、环视、后视、夜视等功能。车内监测：驾驶人/乘员头、脸、眼监测功能和健康监测。交互功能：语音交互、手势控制。用户 App 在线和离线服务功能。连接功能：蓝牙、Wi-Fi、USB、4G/5G 等。

1. 测试系统框架

从座舱自动化测试系统的角度，可将满足智能座舱测试系统划分为如下几个主要的功能模块：车载网络、IO 仿真采集、故障注入、UE 仿真及监测、图像仿真、UI 监测、语音仿真及识别、无线信号仿真。

2. 基于 Eggplant 的自动化测试

软件及方案框架：Eggplant 是 TestPlant 公司研发的一款黑盒自动化测试工具，通过 VNC/RDP 传输协议连接 PC 和 DUT，可跨平台（Linux、Mac、ISO、黑莓 QNX、安卓和 Windows）使用。其基于图像和 OCR 算法实现对 DUT 图像监测，方便访问图像的各种状态（颜色及亮度），同时支持在使用 Flash 的动态环境中运行。可通过记录用户操作流程，自动生成测试脚本。集成的 SenseTalk 语言，面向非开发人员，测试者无须了解底层代码和架构，简单易用。支持与 VectorCANoe 集成，通过 CANoe 发送操作指令，执行结果自动生成 HTML 格式方便查看。实现流程概述：本次以安卓系统的 DUT 为例，进行 CANoe、vTESTstudio、Eggplant 联合调试，调试过程主要分为以下步骤：

（1）测试系统与 DUT 连接设置：打开 DUT 调试权限，连接 PC，对安卓系统进行连接设置，生成 Server 端的 IP 地址和端口号，用于在 Eggplant 软件中对 DUT 进行连接。

（2）Eggplant 测试工程创建：使用 Eggplant 进行 UE 仿真及 UI 监测底层脚本编写、运行并执行测试。使用 Eggplant 中的 Log 功能，对测试结果进行记录。

（3）CANoe 对 Eggplant 测试工程调用：根据 Eggplant 软件提供的 API，使用 CANoe 软件对 Eggplant 测试工程进行调用。在 CANoe 工程中需填写 Eggplant 测试工程相关信息，如软件安装地址、测试工程存储地址、端口号和密码等信息。

（4）"对手件"的仿真实现（可选）：针对基于 SOA 实现的座舱域控制器，需仿真与之交互的"对手件"，如车辆域控制器、自动驾驶域控制器、网联控制器。针对此需求，可以借助新版 CANoe 对 SOME/IP、MQTT 等协议的支持，通过导入数据库（如.arxml）等方式高效地完成 SOA 应用的仿真，以我们的经验来看，基于 CANoe 实现该仿真更为高效和专业。

（5）测试用例实现：基于 vTESTstudio 软件图形化编程方式实现测试脚本编写，编译生成可执行文件，导入到 CANoe 中进行测试执行。

（6）测试执行与分析：通过 CANoe 对 Eggplant 测试结果进行读取和判断，并将原始图像等打印在测试报告中，便于对测试问题进行分析。

3. 方案对比

UE 仿真测试方案对比：UE 仿真是为模拟用户操控，如软按键单击/双击、屏幕滑动。其难点：适配多级窗口操作；操作界面设计变更后和被操作对象更换后的重新适配；实现特殊操控方式，如多指点击/滑动、两指缩放。

UI 和 UE 监测用以判断功能逻辑正确性和性能。其难点：多屏互动；显示风格切换、App 动态加载识别适配；动态闪烁类图标监测、屏幕响应时间监测。

三、车载以太网调试与测试

1. MediaGateway

随着国内车载以太网的应用项目越来越多，对于车载以太网的测试需求也被工程师越来越关注。车载以太网功能测试中必不可少的一款工具-MediaGateway。这款工具在欧洲也被大面积应用，BMW 通常都是在车内放 3 个 MediaGateway，用于监听车内各 ECU 之间的 100Base-T1 通信，由于数据量大，最后数据都会存储到高速记录仪中。

对于车载以太网测试,通常第一步要用到的工具是 MediaConverter,用于连接调试工具(带有 100Base-TxRJ45 接口)与 ECU(带有 100Base-T1 接口),使工程师可以对 ECU 进行程序的调试、发送命令等。随着测试的深入,如果需要分析被测控制器与其他控制器(或仿真节点)之间的以太网通信内容,就需要用到带有 Switch 功能的 MediaGateway。具体可以实现以下功能:用来监听不同 ECU 之间的 100Base-T1 车载以太网的网络通信;用作最多 12 个通道的 MediaConverter;CAN/LIN/FlexRay 与 100Base-T1 之间的信号路由(可以利用网页配置即可);100Base-T1Switch 里面通道的同步(802.1AS);尤其适用于自动驾驶 100BASE-T1 传感器数据转发,以及网关等 ECU 的 DV 测试、下线测试。图 4-1 所示为把单个控制器 100BASE-T1 转发到不同 RJ45 口。

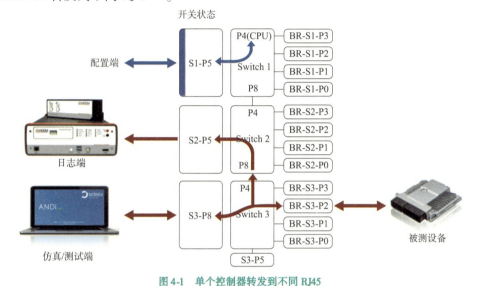

图 4-1　单个控制器转发到不同 RJ45

图 4-2 所示为多个需要汇集多个 ECU 的 100BASE-T1 通信。

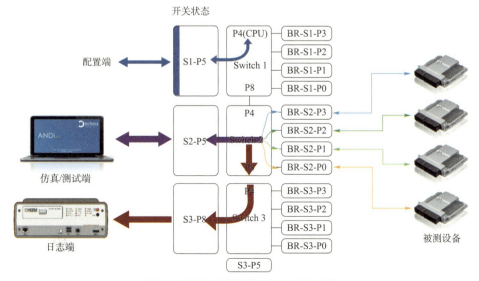

图 4-2　汇集多个 ECU 的 100BASE-T1 通信

如果需要用到 CAN，MediaGateway 还支持 CAN 和以太网的转发，如图 4-3 所示。

图 4-3　CAN 和以太网的转发

在进行多通道 100BASE-T1 的 DV 测试、ECU 下线测试时，由于需要接多个同类型产品，甚至不同 ECU 带有相同的 IP 地址等，为了区别不同的控制器，可以在 MediaGateway 上很方便地设置 Vlan，DoubleVlan，进而区分不同的 ECU 或者传感器。此外，MediaGateway 还带有千兆的 SFP 端口。具体功能：进行两个 MediaGateway 级联；通过连接 1000BASE-T1SFPModule，实现 1000BASE-T1 功能扩展；配合 1000BASE-T1EMCConverter 使用，用于接收 1000BASE-T1（或 100BASE-T1）光纤通信。

2. 车载以太网测试的两种环境搭建

在车载通信中，CANoe 应用最为普遍，它支持多种网络协议，能够实现许多的功能，也支持车载以太网通信。

实际上通信双方是 ECU 和 CANoe，而个人计算机（PC）也和 CANoe 相连接。这是因为通过 PC 在 CANoe 里创建节点、配置网卡、制作面板、编写脚本、查看 CANoe 发送和接收的所有消息等。

PC 可以不借助 CANoe，直接用 PC 作为陪测机，但是 PC 的网口是标准以太网的网口 RJ45，而车载上的以太网口只是两线以太网接口，不可能通过一根网线直连，于是就用一个汽车以太网转换器，把它们连接起来。

这样就实现了通信，不过这种方式是以 PC 为通信节点，需要配置好电脑网卡，同时收发也是在 PC 上实现的。

3. 以太网测试

在保证测试结果专业正确性的前提下，测试方案应尽可能地做到自动化，具有易用性和可扩展性。图 4-4 所示为某科技公司采用的整体工具链组成以及交付给不同 OEM，覆盖以太网部件及系统级测试的典型系统实物图，即基于上述原则而全面考虑的。按照与测试规范体系的对应关系，从行业通用测试实现、OEM 定制需求测试实现两个方面简要说明测试实现方案。

图 4-4 以太网测试

以太网的物理层测试和传统 CAN 测试差别很大，测试分析方法已从传统时域扩展到频域，专业装备是基础。除此以外，还需要留意：被测节点 PHY 必须可设置 TestMode，这是测试前提条件之一；除了示波器自带的 TestFixture 外，其他转接口也是必需的，如对于模式转换相关的测试；尽可能减少线束、连接器的中转环节；1000Base-T1 将大规模应用，专用设备的硬件特性上需考虑预留。图 4-5 所示为对 100Base-T1 以太网节点功率谱密度、回损及定时抖动和时钟频率测试的实际场景及测试报告样本示意图。

图 4-5 测试系统

目前，行业通用测试实现方式有：

TC8-L1-PMA：使用罗德施瓦茨的示波器、网络分析仪、夹具、时钟同步模块、专用以太网测试包，覆盖 PMA 的测试。

TC8-L1-IOP：TC8-L1-IOP 需要 GoldenDevice。此设备比被测对象更为可靠，以太网节点性能更高。例如，设备需要通过继电器实现故障仿真，对继电器的接触阻抗有非常严格的要求；通信回路的 Layout 所用的连接器同样是高标准；需要统计计算 Link-up 时间，对 IOP 设备的 MCU 处理能力要求更高，实时性更强。

使用思博伦 C50、TTworkBench、TestCenter 及对应测试包实现，需注意的是：

（1）测试软件包自身的专业及易用性、可维护及可扩展性，如 TSN 测试扩展。

（2）TC8-L3-L5 中 75% 以上的测试是需要通过 DUT 集成 UpperTester 代码（类似打桩）方可实现的。

(3)针对 AUTOSAR 和非 AUTOSAR 的 UpperTester 是不同的,AUTOSAR 的 UpperTester 代码供应商提供该选项(比如 VectorMICROSAR. ETH 就有该模块)。

OEM 定制需求测试实现:针对定制需求测试,通过 CANoe + CANoe. OptionEthernet + VN5640 开发脚本实现。对于 CANoe 不再赘述,已经提供了足够多的专业库;对于 VN5640 不只是用在单节点测试,其 Monitor 功能可"串于"被测节点之间,以 TAP 的工作模式满足系统级测试需求。Vector 以太网测试解决方案主要特点如下:

1)产品链体系完整

从以太网的架构设计、代码生成、总线仿真及测试提供完整的解决方案,支持通信、诊断和刷写。

2)易用性好

以太网帧结构较为复杂,支持. arxml 文件的解析,有利于创建测试仿真环境,SOME/IP 更是如此。

3)通信接口多种多样

以太网节点往往还有 CANFD/CAN 等传统通信接口。路由测试躲不过,需要支持多种接口,需要接口间的时钟同步。

在选择测试系统方案时,须依据自身的需求,选择合适的测试系统。对于 Tier1,还需要参考与 OEM 工具链的匹配度。工具可以解决效率,但取代不了人,要在实践中不断总结和成长,形成经验库,从而形成方法论。

四 语音交互系统测试

语音交互测试主要是针对影音娱乐系统的语音唤醒、交互、控制及发声等功能的测试。

语音交互系统测试

1. 主要测试目标

主要测试目标包括:复杂工况环境下,语音交互功能的完整性、可靠性验证;在复杂工况环境下,语音交互结果与外部控制器之间的有效动作验证。根据不同工况,包含以下几个方面。

1)唤醒率

通过在不同环境音下,通过不同语种(方言)对语音交互功能进行唤醒,如"你好,斑马""斑马"等,测试统计语音功能的唤醒率。唤醒功能分硬线触发唤醒和随时唤醒两种。

2)识别率

通过在不同环境音下,通过不同语种(方言)对语音交互功能的语音识别率进行测试。测试语音识别引擎是否能正确理解不同环境下的语义。交互测试:通过在不同环境音下,通过不同语种(方言)对语音交互功能的交互过程进行测试。通过预先设定的不同场景,测试场景交互的正确性。

3)外部控制

通过在不同环境音下,通过不同语种(方言)对语音交互功能的外部控制功能进行测试,如"请打电话给×××""请打开空调"等控制命令,测试命令的识别及外部控制反馈、反馈时间等指标。

2.测试方法

针对语音交互测试中的四大测试场景,分别举例通过一个用例进行自动化测试方法的论述。同类测试同此方法,不再赘述。

1)唤醒率测试

(1)条件准备。

①唤醒语:多语种(普通话、方言)的唤醒音频文件(MP3格式)。

②结果确认:唤醒后HMI界面及反馈音,如"我在的/有什么需要帮助吗"。

③环境噪声:多场景下的背景噪声音频文件(MP3格式)。

(2)测试方法。

①程序触发系统收音(根据系统要求,有的车机系统可以随时唤醒则不需要此步骤)。

②程序控制播放背景噪声和唤醒音频。

③设置等待时间(一般为1s)。

④进行画面检查(图像对比)和收音比对。

2)识别率测试

(1)条件准备。

①识别语言:多语种(普通话、方言)的任意文言的音频文件,重音字、多义字维持适当比例(MP3格式)。

②结果确认:文字识别,如"我在的/有什么需要帮助吗"。

③环境噪声:多场景下的背景噪声音频文件(MP3格式)。

(2)测试方法。

①程序触发系统收音(根据系统要求,有的车机系统可以随时唤醒则不需要此步骤)。

②程序控制播放背景噪声和语言音频。

③设置等待时间(一般为1s)。

④进行画面检查,对指定区域的图片进行OCR文字识别并与原始输入进行文字比对。

3)语音交互测试

(1)条件准备。

①交互脚本:根据业务需要规划测试脚本并将输入转换成音频文件。

②环境噪声:多场景下的背景噪声音频文件(MP3格式)。

③结果确认:文字识别(输出预想)。

(2)测试方法。

①程序触发系统收音(根据系统要求,有的车机系统可以随时唤醒则不需要此步骤)。

②程序控制播放背景噪声和语言音频。

③设置等待时间(根据预想反馈的播报时间设置)。

④进行画面检查,对收音的语音进行文字转换并与预想输出进行比对。

⑤根据比对结果选择输入音频播放。

⑥重复步骤③~⑤。

4) 外部控制测试

(1) 条件准备。

①控制脚本：多语种(普通话、方言)的设备控制音频文件(MP3 格式)。

②环境噪声：多场景下的背景噪声音频文件(MP3 格式)。

③结果确认：文字识别(输出预想) + HMI 确认。

(2) 测试方法。

①程序触发系统收音(根据系统要求，有的车机系统可以随时唤醒则不需要此步骤)。

②程序控制播放背景噪声和语言音频。

③设置等待时间(根据预想反馈的时间设置)。

④进行画面检查，对控制设置画面的 HMI 图标等进行对比，对收音的语音进行文字转换并与预想输出进行比对。

五 智能座舱全景环视系统调试与测试

随着我国私家车保有量的逐年增加，人们越来越关注车辆增多带来的交通出行安全问题。其中，最为常见交通事故就是在城市拥堵道路低速行驶或者泊车时发生的剐蹭事件，导致类似这样事故频频发生的主要原因是驾驶人在驾驶车辆时存在大量的视觉盲区，因而无法完全掌握车辆周围的景象。全景环视系统旨在为驾驶人提供车辆周围的全景环视鸟瞰图，在最大程度上消除视觉盲区，减少此类事故的发生，从而保证道路交通安全。

1. 全景环视系统发展历程

随着视频处理技术和计算机视觉技术的快速发展，越来越多的技术被应用到汽车电子领域；传统的基于图像的倒车影像系统只在车尾安装摄像头，只能覆盖车尾周围有限的区域，而车辆周围和车头前侧的盲区无疑形成了安全驾驶的隐患，在狭隘拥堵的市区和停车场容易出现碰撞和剐蹭事件。

为扩大驾驶人视野，消除盲区，使驾驶人能感知周围 360°全方位的环境，就需要多个视频传感器的相互协同配合作用，然后通过视频合成处理，形成全车周围的一整套的视频图像，全景环视系统应运而生。

2. 全景环视系统的作用

(1) 确保驾驶人从容操控车辆行驶、转弯、停泊车或通过复杂路面，有效减少剐蹭、碰撞、陷落等事故的发生，起到辅助驾驶的作用。

(2) 车辆全景环视系统，可以无盲区观察周围情况，防患于未然。

(3) 车辆行驶过程中，多路摄像头全程记录存储，支持多种存储方式及 SD 卡，为发生的交通事故还原提供有力的视频图像证据。

全景环视系统

(4) 停车状态下，当车辆受到外力震动时，该系统会启动多路摄像头录像，时刻监控车辆安全及周围情况。

(5) 最新的 3D 技术，使得用户可以看到一个完全清晰不失真的视频成像，替代原有的虚拟平面图像。

3. 全景环视系统的原理

全景环视系统包括安装于车辆四周的多个摄像头、图像采集部件、视频合成/处理部件、数字图像处理部件、车载显示器。摄像头分别拍摄车辆前后左右的图像,图像被图像采集部件转换成数字信息送到视频合成/处理部件,视频合成/处理部件处理后的图像经由数字图像处理部件处理后转换成视频图像信号输出,在安装于客车内部的车载显示器上生成车辆及其周边环境的全景图像信息。

三维虚拟投影/观点转换技术提供了先进的三维算法,能够顺利地将多个独立的视频摄像头产生的图像结合起来,形成一个无缝和高清的360°视图。除了软件技术之外,硬件创新的结合也是全景环视系统技术的亮点。

4. 全景环视系统的组成

全景环视系统由4个鱼眼摄像机组成,一般的平角摄像头的成像视场角在50°左右,而鱼眼摄像头可达到180°,甚至是270°,需至少使用4个普通的平角摄像头才能有180°的视角范围,即4个平角摄像机才能实现一个鱼眼摄像机的效果。这既增加了环视系统硬件的成本,又增加了算法的复杂度,从而增加了系统的开发和实现的难度。因此,全景环视系统的实现使用大视场角的鱼眼摄像头。

鱼眼摄像头属于超广角镜头,镜头焦距一般小于16mm,具有焦距小、视角大的特点,在鱼眼相机的光学系统设计中,镜头的前镜片向前突出,如图4-6所示,产生大量的桶形畸变,所以,空间的一条直线经过鱼眼相机成像之后变为一条曲线。如图4-7所示,图像中的绿色直线经过鱼眼相机变成了一条曲线。

图4-6 鱼眼摄像头

图4-7 鱼眼相机图片

图4-8为鱼眼相机的光学系统设计原理图。从图中可以看出,入射光线经过透镜系统发生不同程度的折射,最终在成像平面上成像为一个像点,各透镜的球面中心的连线称为主光轴,垂直于鱼眼图像平面,其交点称为主点。根据沿着光轴传播的光线方向不变的性质可知,主点处所成像无畸变,由于组装透镜时,很难做到将透镜组和成像平面保持平行,所以会导致距离主点越远的地方,畸变越大。

5. 摄像头的标定与图像的融合过程

图像的获取:利用170°以上超广角摄像机获取视频图像信号,并将信号解析为图像数据。

摄像机标定模型的建立:建立视界坐标与摄像机坐标的关系,建立摄像机坐标与图像坐标的关系,从而确定视界坐标与图像坐标的关系。

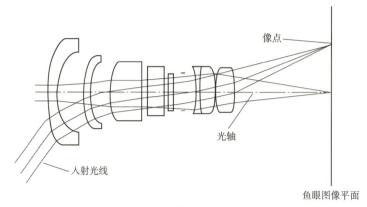

图 4-8　鱼眼镜头设计图

摄像机内参量的标定:对摄像头内参量进行标定。

摄像机外参量的标定:对摄像头外产量进行标定。

图像光照一致性研究:研究同一场景下成像灰度值的关系,分析不同角度的光源对摄像机成像造成的影响,从而提出消减这种影响的算法。

图像拼接融合:根据人眼的视觉模型,研究图像缝隙视觉过度的方法,从而消除图像拼接引起的缝隙,达到图像融合的目的。

图像的显示:优化系统算法,将所得图像对接显示屏显示。

6. 摄像机的安装与标定

鱼眼相机拍摄的照片变形严重,因此,需要标定相机的内参和畸变参数,对畸变图像进行校正。经过校正之后的图片,可以通过俯视变换鱼眼图像转换为俯视图,因此,需要对相机进行外参数的标定,将鱼眼图像转换为俯视图。

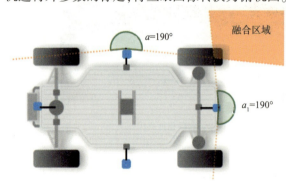

图 4-9　鱼眼相机安装位置

如图 4-9 所示,车辆一共安装了 4 个 190°视角的鱼眼摄像头,4 个摄像头分别位于车辆的前后左右方向,鱼眼镜头大于 180°的广角就有了向后看的能力,在车辆 4 个转角的盲区会有更多的范围同时被两个镜头覆盖到,计算机算法会对这块区域进行融合处理,以达到 360°无死角的最佳效果。

此外,鱼眼镜头具有 150°的垂直视角,为了能使镜头找到车身投影周围的所有地面,镜头安装角度需要在水平向下 15°,如图 4-10 所示。

标定板要求:尺寸为 152.5cm×152.5cm,需要 4 片。

标定板摆放:将 4 块标定板分别摆放到小车的左前、右前、左后、右后 4 个角落,距离小车的边缘均为 0.5m。要注意,各标定板都要横平竖直,尽量不要倾斜,如图 4-11 所示。

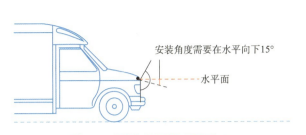

图 4-10　摄像头角度需水平向下 15°　　　图 4-11　全景环视标定板摆放位置

接着测量各标定板之间的距离和标定板中格子的尺寸,将测量的结果填写到校正工具中,如图 4-12 所示。

图 4-12　校正工具界面图

校正完成后,可进一步验证校正的效果。可以观察车辆前后左右的画面是否都有显示,并可切换、观察不同全景视角的效果,也可以围绕小车走一圈,观察画面中的人是否有走丢的现象,如图 4-13 所示,从而对环视效果进行验证。

图 4-13　全景环视画面

六　DMS 的调试及测试

DMS 主要实现对驾驶人的身份识别、驾驶人疲劳检测以及危险驾驶行为的检测功能,产品针对自动驾驶功能等级在乘用车、商用车、工程车辆等不同领域的应用,设计不同的报警机制,并可对关键数据进行存储以及上传到云端管理平台,能够有效提升智能驾驶安全等级,保障车辆行驶安全。

1. 威盛任我行 DMS 的介绍

威盛任我行 DMS 的核心功能有三个,即疲劳驾驶监测、分心驾驶监测、驾驶人身份验证。该系统由威盛 Mobile360 M800 系列系统与 FOC-40°摄像头组成,具有强大的 DMS 算法。该算法基于驾驶人视线、面部表情、头部、手部和身体的运动变化,分析驾驶人行为,以监测潜在的危险以及非法行为,主要功能如图 4-14 所示。

图 4-14　威盛任我行 DMS 核心功能示意图

借助此系统,学生不仅可以学习如何安装车载驾驶人监控所需的复杂硬件系统和摄像头,他们还将获得多个智能座舱功能优化系统方面的宝贵经验,包括:

(1) 检测不同照明和使用条件下驾驶人的不安全行为。

(2) 定义和配置实时车载警报,以警告驾驶人存在危险或非法行为。

(3) 设置与云端实时同步的驾驶人不当行为视频警报。

(4) 分析驾驶人行为历史,以开发驾驶人绩效管理系统和驾驶行为记分卡。

此外,还可以在此系统基础上进行调整,以检测车内乘客的健康状况和行为,并可以增加面部识别功能来验证驾驶人身份。

2. DMS 硬件的安装和配置

1) DMS 摄像头的安装

把摄像头安装在仿真座舱的中间屏幕的正上方,如图 4-15 红框所示,从而识别驾驶人面部表情。

图 4-15　DMS 摄像头安装位置

为确保识别精确,安装摄像头的位置遵循以下规则:

(1) 摄像头需安装在驾驶人面前 50~130cm 的位置。

(2)摄像头需调整角度,以对准驾驶人的面部范围。

(3)摄像头镜头前方无遮挡。

2)配置 DMS 摄像头

(1)Windows 计算机连接驾驶人行为监视系统。

在配置 DMS 摄像头之前,确认 VIA Mobile360 Fleet Calibration Tool 软件已安装在个人计算机上。个人计算机连接监控系统可分为两种情况,请根据实际情况进行配置。

情况一:计算机和监控系统都未连接以太网,则通过网线直连电脑和监控系统,配置电脑为静态 IP,和监控系统在同一网段(假设监控系统静态 IP 为 192.168.1.200)。个人计算机网络配置如下:

静态 IP:192.168.1.101(Example)。

子网掩码:255.255.255.0。

默认网关:192.168.1.1。

DNS:8.8.8.8。

情况二:电脑和监控系统都已连接以太网,并且在同一网段,则无须再配置电脑的网络。

(2)给监控系统上电。

上电之后,运行个人计算机上的 VIA Mobile360 Fleet Calibration Tool 软件,点击软件主界面右上角第一个按钮(设备连接按钮),然后在弹出来的界面(图4-16)中输入监控系统的 IP 地址(如 192.168.1.200),点击"Connect"按钮,连接监控系统。

注意:如果弹出连接失败,则检查一下电脑和监控系统的网络,再重新尝试连接。

(3)配置 DMS 摄像头。

①计算机和监控系统连接成功后,点击 VIA Mobile360 Fleet Calibration Tool 主界面右上角第二个按钮(图4-17 中红色划线),用来导出监控系统预置的配置文件,保存到电脑本地(自行选择一个保存路径),后面会用到这个文件。

图4-16　IP 地址配置

图4-17　Mobile360 Fleet Calibration Tool 主界面

②确认 ReadCompressedFileTool 软件已复制到个人计算机上。然后,点击运行 ReadCompressedFileTool.exe 软件。点击软件界面的 Settings_Functions(图4-18),选择步骤①中保存在本地的配置文件,点击"Open"后,会弹出一个对话框(图4-19),选择对话框第 13 项(DMS),然后点击"OK"。

图 4-18　Settings_Functions 主界面　　图 4-19　Settings_Functions 对话框

③点击"OK"后,需要再次选择之前的配置文件,然后点击"Save"覆盖保存,如图 4-20 所示。

图 4-20　Settings_Functions 完成设置

(4)DMS 摄像头标定和设置。

回到 VIA Mobile360 Fleet Calibration Tool 主界面,点击右上角的第四个按钮(图 4-21 红色划线),弹窗中点击 Update Initial File;选择之前修改后的配置文件,点击"Open"。

图 4-21　更新配置文件界面

然后点击弹窗中的 Restart 后，主界面就更新如图 4-22 所示。

图 4-22　更新后的主界面

接下来，点击主界面右边的"SETTINGS"，进入"SETTINGS"界面，然后执行以下步骤。

①HOME 界面的"Auto Start When Bootup"选项用于选择监控系统默认启动的 App 类型，这里选择"ADAS Demo View"，如图 4-23 所示。

图 4-23　选择监控系统默认启动的 App 类型

②点击"SETUP"按钮,进入图 4-24 所示界面,将 Number of Cameras 选项设置为 1。

图 4-24　摄像头配置界面

③点击"DMS"按钮,进入如图 4-25 所示界面。该界面可以选择让 DMS 摄像头监控驾驶人哪些行为,包括以下四项:疲劳驾驶、看手机、抽烟、不专心驾驶。默认四项行为都会监测,可自行选择使能或禁止。

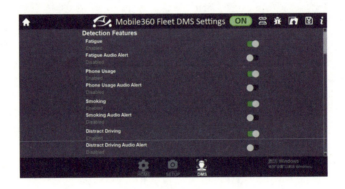

图 4-25　DMS 摄像头监控行为配置

以上三步设置完成后,点击左上方的主界面按钮,会弹出如图 4-26 所示对话框,询问是否保存当前的修改,点击"Confirm"按钮确认,并回到主界面。

图 4-26　保存设置确认对话框

回到主界面后,点击主界面左边的 DMS,进入如图 4-27 所示的界面对摄像头进行标定。由一位同学坐在驾驶座位上,面朝正前方,保证整个面部都在虚线圆圈内,面部无遮挡,不闭眼不偏头。然后另一位同学点击界面右下角的"Confirm"按钮进行标定。

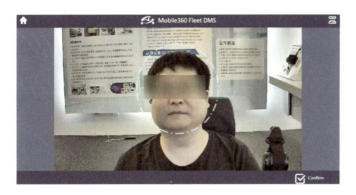

图 4-27　摄像头进行标定界面

标定成功后，会弹出如图 4-28 所示对话框：

图 4-28　标定成功对话框

点击"OK"后，监控系统屏幕上会出现图 4-29 所示的画面，识别出驾驶人的面部，并框出相应的警示，则表示 DMS 摄像头配置成功。

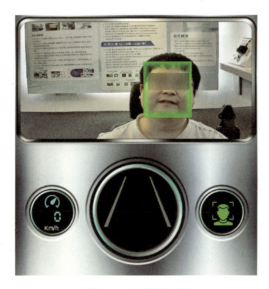

图 4-29　监控系统屏幕

3. DMS 系统的测试

1) 启动驾驶人行为监控系统

(1) 设备启动后,会自运行监控系统的 App。

(2) 当显示界面图 4-30 所示信息的时候,说明驾驶人行为监控系统 App 启动成功。

图 4-30　驾驶人行为监控系统应用程序启动成功

2) 驾驶人坐在驾驶座位上,测试驾驶人行为监控系统的预警功能。

驾驶人在驾驶座位上坐好后,开始进行测试以下场景:

(1) 驾驶人面朝正前方,专心驾驶。监控系统显示为绿色方框和标识,如图 4-31 所示。

(2) 驾驶人转动头部看向侧方,不专心驾驶。监控系统显示为红色方框和标识,如图 4-32 所示。

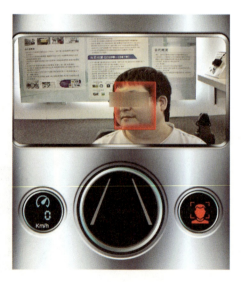

图 4-31　专心驾驶标识　　　　　图 4-32　不专心驾驶标识

（3）驾驶人低头看手机。监控系统显示为红色方框和标识，如图4-33所示。

（4）驾驶人闭眼，模拟疲劳驾驶。监控系统显示为红色方框和标识，如图4-34所示。

图4-33 低头看手机提示

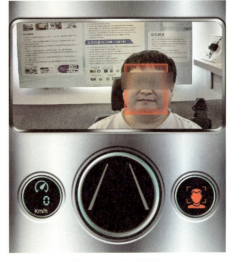

图4-34 疲劳驾驶提示

拓展阅读

理想L9智能座舱技术

2022年6月发布的理想L9，搭载的智能座舱核心来自高通的8155智能座舱平台，基于2块8155异构计算芯片，具备24GB内存和256GB高速存储。全车拥有21个扬声器，由苏州上声电子提供硬件，AI语音以及手势控制由speech思必驰提供，可以实现语音手势融合交互、6音区识别、"理想同学"多屏响应、全车自由对话等。智能驾驶采用英伟达解决方案，其域控制器由德赛西威提供，为基于英伟达Orin计算平台Drive AGX Orin开发的IPU 04。该IPU 04域控制器集成2颗OrinX SoC，算力达到508 TOPS。与特斯拉FSD和基于Xavier打造的IPU 03相比，IPU 04下线时具有当时量产智能驾驶域控制器中的最高算力水平。理想L9共计采用11个摄像头，6个800万像素摄像头和5个200万像素摄像头。其中，正前视感知系统配备2个摄像头、侧前感知系统配备2个摄像头、侧后感知系统配备2个摄像头，均为800万像素；正后感知为系统配备1个摄像头，360°环视系统配备4个摄像头，均为200万像素。该布置方式可以实现对车身周围及远距离物体360度全方位感知。理想L9可以做到车内五屏交互，屏幕观影效果也有较大提升，如图4-35所示。

图4-35 理想L9智能座舱

技能实训

(一)全景环视系统的组装和认知

1. 试验目的

(1)掌握智能网联汽车全景环视系统的组装方法和步骤,正确使用相关材料和工具。

(2)了解智能网联汽车全景环视系统的基础知识,能够进行一般的故障排查。

2. 试验场地与设备

1)试验场地

(1)试验场地应该平整,汽车4个轮子尽量保持在同一水平面上。

(2)场地大小应满足各项测试的需要。

2)试验设备

(1)威盛任我行小汽车一辆,带基本支架。

(2)全景环视系统广角视频模块4套,包含镜头、镜头底座、FAKRA连接线。

(3)6cm 长 3030 铝合金型材 4 只,3030 角件 6 只,配套螺钉 20 只。

(4)配套螺钉安装工具一套。

(5)钢卷尺:量程 0~2m,最小刻度 1mm。

(6)云端平台。

3. 试验注意事项

(1)试验过程中保持汽车处于驻车状态。

(2)铝合金型材边缘比较锋利,请注意安全。

(3)固定镜头和镜头底座请选用合适的螺丝刀,避免螺钉滑丝。

(4)勿折叠线材,避免造成损坏。

4. 试验内容和步骤

1)标记全景环视系统镜头的固定位置

前后镜头应安装在小车前后支架的中部上方,左右镜头应安装在小车左右支架中部上方,如图 4-36 所示。

图 4-36 SVS 摄像头安装位置

量一量:4 个安装点距离地面的距离分别是多少?

2)左右镜头支架的认知和组装

如图 4-37 所示,分别用 6cm 长 3030 铝合金型材 2 只、3030 角件 3 只、配套螺钉 6 只,组

模块四　智能座舱调试与测试

装左右镜头的支架。安装过程中应注意横平竖直,螺钉固定牢固无松动现象。

图4-37　左右镜头支架组装图

量一量:3030铝合金型材的长、宽、高各是多少,小车支架共向外延了多少?想一想小车支架为什么需要向外延长?3030铝合金型材的"3030"是什么意思?

3)镜头和底座的认知和组装

图4-38所示为镜头安装在底座上的方法。实际安装中,在进行最后一步安装镜头前,需要先把底座安装在小车的前后左右4个支架上,再安装镜头,以避免镜头方案底座的固定。

为达到较好的视觉效果,请将摄像头的安装角度保持在水平向下15°左右。

看一看:俗称"鱼眼镜头"的镜头外观和平常所见的镜头有什么区别?镜头上的标签写着的"FOV-190"代表什么意思?

4)镜头和M810视频处理器的连接

仔细观察一下连接线两端接口的异同,先将4个镜头分别接入任意连接线没有黄色标识的一端,然后再将4根连接线依次按照"前左后右"的逆时针顺序接入图4-39中M810视频处理器前面板CAM A标识的1、2、3、4共4个FAKRA接口。

图4-38　镜头和底座组装示意图

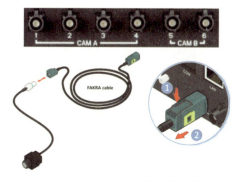

图4-39　镜头和M810视频处理器的连接图

如果要从M810拆卸镜头,可以用手指按住如图4-38所示①的地方,按②的方向向外拔出。

想一想:FAKRA接口和我们平常所见的其他接口(如USB接口)外观上有什么不一样,

123

为什么那么难插拔？

想一想：如图 4-40 所示的接线有什么问题？

a)   b)

图 4-40   接线问题

安装完成后请将线材扎束整齐，比一比哪个小组同学做得好。

5）网页端查看 SVS 组装效果

再次检查 4 个镜头接入 M810 接口的顺序是否正确。进入教学页面，观察是否前后左右的画面都已出来，并可通过如图 4-41 所示网页切换、观察不同全景视角的效果。

图 4-41   网页端 SVS 组装效果

通过网页切换、观察不同全景视角的效果（图 4-42），试着写出以下不同视角的名称。

图 4-42   全景视角图

1._____ 2._____ 3._____ 4._____ 5._____ 6._____ 7._____

同学们还可以尝试拔掉或者对换一些镜头，观察故障现象。

同学们可以绕小车走一圈，注意观察画面中的人是否存在"走丢"现象。

注意：此时的画面效果可能并不完美，请同学们记录一下发现的问题，后续课程带领大家一起做镜头校正后，再来做比较。

5. 评价总结

(1)组内互评,见表4-1。

组内互评　　　　　　　　　　　　　　　表4-1

组员	安全规范				任务完成				团队精神 (1~5分,5分最高)			职业素养 (1~5分,5分最高)	
	差	中	良	优	差	中	良	优	领导 协调	沟通 合作	配合 执行	保持环境 整洁	文明 懂礼
组员1													
组员2													
组员3													
组员4													

(2)自我评价,见表4-2。

自我评价　　　　　　　　　　　　　　　表4-2

任　务	评 价 等 级			
	不会	基本不会	会	很熟练
(1)标记全景环视系统镜头的固定位置				
(2)左右镜头的支架组装				
(3)镜头和底座的认知和组装				
(4)镜头和M810视频处理器的连接				
(5)网页端查看SVS组装效果				

(3)教师总评(1~5分,5分最高),见表4-3。

教师总评　　　　　　　　　　　　　　　表4-3

遵守纪律	安全规范	任务完成	团队精神	职业素养	总　评

(二)SVS全景环视系统的标定

1. 实验目的

(1)掌握智能网联汽车SVS全景环视系统的标定方法,以达到最好的环视效果。

(2)了解智能网联汽车SVS全景环视系统的更多知识,能够进行一般的故障排查。

2. 实验场地与设备

1)实验场地

(1)实验场地应该平整,汽车四个轮子尽量保持在同一水平面上。

(2)场地足够开阔,小车前后左右各有3m以上距离。

2)实验设备

(1)威盛任我行小车一辆,已正确安装SVS环视系统硬件。

(2)SVS校正pattern(152.5cm×152.5cm)4片。

(3)钢卷尺:量程 0~10m,最小刻度 1mm 若干。

(4)Windows10 笔记本电脑一台。

3. 实验注意事项

试验过程中请保持汽车处于驻车状态。

调节镜头请选用合适的螺丝刀,避免螺钉滑丝。

4. 实验内容和步骤

1) SVS 拼接原理认知

如图 4-43 所示,小车装有 4 颗 190°水平视角的鱼眼镜头,鱼眼镜头大于 180°的广角有了向后看的能力,在车辆 4 个转角的"盲区"有更多的范围同时被两颗镜头覆盖到,计算机算法会对这块区域进行"融合"处理,以达到 360°无死角的最佳视觉效果。

想一想:如果鱼眼镜头的安装位置缩在车体以内会有什么缺陷?

如图 4-44 所示,鱼眼镜头具有 150°的垂直视角,为了使镜头能够找到车身投影周围的所有地面,镜头安装角度需要在水平向下 15°。算一算:这是为什么?实际调节一下四个鱼眼镜头的角度。

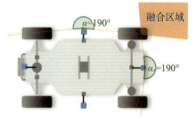

图 4-43 鱼眼镜头视频融合示意图　　图 4-44 鱼眼镜头的垂直安装角度

想一想:如果某辆车子的近处地面看不到,故障原因会是什么?

2) 正确摆放 pattern

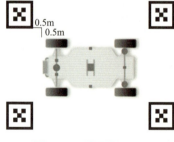

图 4-45 正确摆放 pattern

如图 4-45 所示,几位同学协作把 4 个 pattern 分别摆放在小车的四个角落,距离小车的边缘均为 0.5m。请注意,各个 pattern 都要横平竖直,尽量不要倾斜。

比一比:哪一组同学摆放得最规范,有哪些经验和大家分享?

想一想:为什么要摆放在小车的四个角落而不是正前正后正左正右?

3) 打开校正工具,连接 M810

给设备上电,用专用电脑连接车上网络交换,在电脑上打开 Mobile360 Fleet Calibration Tool,在弹出的对话框输入 M810 的 IP 地址:192.168.1.200.。

在随后的界面中选择 SVS,如图 4-46 所示。按照《M810 SVS 校正手册》完成校正工作,获得校正文件。可以使用自己的 3D 汽车模型。

4) 网页端查看 SVS 校正效果

将上一步产生的校正文件导入 M810 系统。(ToDo)

进入威盛任我行教学页面,如图 4-47 所示,观察前后左右的画面是否都有显示,并可通过网页切换、观察不同全景视角的效果。

图 4-46 使用校正工具的 SVS 功能

图 4-47 网页端查看 SVS 组装效果

绕小车走一圈,注意观察画面中的人有没有"走丢现象"。

比一比:镜头校正前后的效果有什么不一样?

5. 评价总结

(1)组内互评,见表 4-4。

组 内 互 评　　　　　　　　表 4-4

组员	安全规范				任务完成				团队精神 (1~5分,5分最高)			职业素养 (1~5分,5分最高)	
	差	中	良	优	差	中	良	优	领导 协调	沟通 合作	配合 执行	保持环境 整洁	文明 懂礼
组员 1													
组员 2													
组员 3													
组员 4													

(2)自我评价,见表 4-5。

自 我 评 价　　　　　　　　表 4-5

任　务	评价等级			
	不会	基本不会	会	很熟练
(1)SVS 拼接原理认知				
(2)正确摆放 pattern				
(3)打开校正工具,连接 M810				
(4)网页端查看 SVS 组装效果				

(3)教师总评(1~5分,5分最高),见表 4-6。

教师总评

表4-6

遵守纪律	安全规范	任务完成	团队精神	职业素养	总　评

（三）驾驶人行为监控系统的安装和调试

1. 实验目的

（1）正确安装驾驶人行为监控系统（DMS）的摄像头。

（2）掌握 VIA Mobile360 Fleet Calibration Tool 软件的使用，配置 DMS 摄像头。

2. 实验设备和软件

（1）仿真驾驶座舱。

（2）驾驶人行为监控系统。

（3）DMS 摄像头一个 。

（4）FARKA 线一条。

（5）Windows 系统的个人电脑一台。

（6）VIA Mobile360 Fleet Calibration Tool 软件。

（7）ReadCompressedFileTool 软件。

3. 实验注意事项

试验过程中请保持汽车处于驻车状态。

安装 DMS 系统请选用合适的螺丝刀，避免螺钉滑丝。

4. 实验内容和步骤

（1）摄像头安装。把摄像头安装在仿真座舱的中间屏幕的正上方，用于识别驾驶人面部表情。

安装摄像头的位置遵循以下规则：

①摄像头需安装在驾驶人面前 50~130cm 的位置；

②摄像头需调整角度以对准驾驶人的面部范围；

③摄像头镜头前方无遮挡。

（2）配置 DMS 摄像头。

①Windows 电脑连接驾驶人行为监视系统。

个人电脑连接监控系统可分为两种情况，请根据实际情况进行配置。

情况一：电脑和监控系统都未连接以太网，则通过网线直连电脑和监控系统，配置电脑为静态 IP，和监控系统同一网段（假设监控系统静态 IP 为 192.168.1.200），个人电脑网络配置如下：

静态 IP：192.168.1.101（Example）

子网掩码：255.255.255.0

默认网关：192.168.1.1

DNS：8.8.8.8

情况二：电脑和监控系统都已连接以太网，且在同一网段，则无须再配置电脑的网络。

②监控系统上电。

上电之后运行个人电脑上的 VIA Mobile360 Fleet Calibration Tool 软件,点击软件主界面右上角第一个按钮(设备连接按钮),输入监控系统的 IP 地址(如 192.168.1.200),连接监控系统。

③配置 DMS 摄像头。

电脑和监控系统连接成功后,点击 VIA Mobile360 Fleet Calibration Tool 主界面右上角第二个按钮导出监控系统预置的配置文件,保存到电脑本地(自行选择保存路径)。

确认 ReadCompressedFileTool 软件已拷贝到个人电脑上。

(3)DMS 摄像头标定和设置。

回到 VIA Mobile360 Fleet Calibration Tool 主界面,点击右上角的第四个按钮,弹窗中点击 Update Initial File;选择配置文件,点击 Open。

HOME 界面的 Auto Start When Bootup 选项用于选择监控系统默认启动的 App 类型,选择"ADAS Demo View"。

点击 SETUP 按钮,Number of Cameras 选项设置为 1。

点击 DMS 按钮,选择让 DMS 摄像头监控驾驶人哪些行为,包括以下四项:疲劳驾驶,看手机,抽烟,不专心驾驶。默认四项行为都会监测,可自行选择使能或禁止。

以上三项设置完成后,点击左上方的主界面按钮,询问是否保存当前的修改,点击 Confirm 确定,并回到了主界面。

回到主界面后,点击主界面左边的 DMS,对摄像头进行标定。请一位同学坐在驾驶座位上,面朝正前方,保证整个面部都在虚线圆圈内,面部无遮挡,不闭眼不偏头。然后请另一位同学点击界面右下角的 Confirm 按钮进行标定。

点击 OK 后,能识别驾驶人的面部并框出相应的警示,便表示 DMS 摄像头配置成功。

5.评价总结

(1)组内互评,见表4-7。

组内互评　　　　　　　　　　　　　　　　　表4-7

组员	安全规范				任务完成				团队精神 (1~5分,5分最高)			职业素养 (1~5分,5分最高)	
	差	中	良	优	差	中	良	优	领导协调	沟通合作	配合执行	保持环境整洁	文明懂礼
组员1													
组员2													
组员3													
组员4													

(2)自我评价,见表4-8。

自我评价　　　　　　　　　　　　　　　　　表4-8

任务	评价等级			
	不会	基本不会	会	很熟练
(1)安装 DMS 摄像头在正确位置				
(2)标定和配置 DMS 摄像头				

(3)教师总评(1~5分,5分最高),见表4-9。

教师总评　　　　　　　　　　　　　　　　　表4-9

遵守纪律	安全规范	任务完成	团队精神	职业素养	总　评

(四)驾驶人行为监控系统的测试

1. 实验目的

(1)了解驾驶人行为监控的概念。

(2)演示和测试驾驶人行为监控系统(DMS)的功能。

2. 实验设备

(1)仿真驾驶座舱。

(2)驾驶人行为监控系统。

3. 实验注意事项

试验过程中,请保持汽车处于驻车状态。

4. 实验内容和步骤

(1)启动驾驶人行为监控系统。

(2)驾驶人坐在驾驶座位上,测试驾驶人行为监控系统的预警功能。

驾驶人在驾驶座位上坐好后,开始进行测试以下场景:

①驾驶人面朝正前方,专心驾驶。

看一看:这个时候,驾驶人行为监控系统画面是什么状态?

②驾驶人转动头部看向侧方,不专心驾驶。

看一看:这个时候,驾驶人行为监控系统画面出现什么警示?

③驾驶人低头看手机。监控系统显示为红色方框和标识。

看一看:这个时候,驾驶人行为监控系统画面出现什么警示?

④驾驶人闭眼,模拟疲劳驾驶。监控系统显示为红色方框和标识。

看一看:这个时候,驾驶人行为监控系统画面出现什么警示?

5. 评价总结

(1)组内互评,见表4-10。

组内互评　　　　　　　　　　　　　　　　　表4-10

组员	安全规范				任务完成				团队精神 (1~5分,5分最高)			职业素养 (1~5分,5分最高)	
	差	中	良	优	差	中	良	优	领导 协调	沟通 合作	配合 执行	保持环境 整洁	文明 懂礼
组员1													
组员2													

续上表

组别	安全规范				任务完成				团队精神 (1～5分,5分最高)			职业素养 (1～5分,5分最高)	
	差	中	良	优	差	中	良	优	领导 协调	沟通 合作	配合 执行	保持环境 整洁	文明 懂礼
组员3													
组员4													

(2)自我评价,见表4-11。

自我评价　　　　　　　　　　　　　　　表4-11

任　务	评价等级			
	不会	基本不会	会	很熟练
(1)驾驶人面朝正前方				
(2)驾驶人面朝侧方				
(3)驾驶人低头看手机				
(4)驾驶人闭眼驾驶				

(3)教师总评(1～5分,5分最高),见表4-12。

教师总评　　　　　　　　　　　　　　　表4-12

遵守纪律	安全规范	任务完成	团队精神	职业素养	总　评

思考与练习

一、判断题

1.智能座舱手动测试按照12人来招聘,高级及以上4人,中级5人,初级3人,基本上可以搭建一个完整的测试团队。　　　　　　　　　　　　　　　　　　　　　(　　)

2.MediaGateway在欧洲也被大面积应用,BMW通常都是在车内放6个MediaGateway,用于监听车内各ECU之间的100Base-T1。　　　　　　　　　　　　　　　　(　　)

3.唤醒功能分硬线触发唤醒和随时唤醒两种。　　　　　　　　　　　　　(　　)

二、选择题

1.在手动智能测试中,制订绩效评判标准,管理测试进度,提供测试上无法解决的帮助属于(　　)。

　　A.项目前期　　　　B.项目中期　　　　C.项目后期　　　　D.项目结束期

2.座舱测试系统主要集成了自动化测试机柜、(　　)和工控机

　　A.机械臂　　　　　B.定制化触手　　　C.机器人测试箱　　D.高清摄像头

3.带有Switch功能的MediaGateway,可以实现如下功能:用来监听不同ECU之间的100Base-T1车载以太网的网络通信;用作最多(　　)个通道的MediaConverter;CAN/LIN/

FlexRay 与 100Base-T1 之间的信号路由(可以利用网页配置即可)。

  A. 6   B. 8   C. 10   D. 12

4. 语音交互测试主要包含唤醒率、识别率、交互测试、( )。

  A. 内部控制   B. 完整性控制   C. 外部控制   D. 可靠性控制

5. 按照传统的人工测试方法,从研发到量产到最终交付,完成一个完整的整车或者智能座舱测试,大概要完成( )轮测试,需要耗费 650 天。

  A. 11   B. 15   C. 13   D. 9

三、简答题

1. 什么是车载以太网测试?
2. 试述语音交互系统测试的概念与方法。
3. 试述智能座舱手动测试的内容及所需人员。
4. 智能自动测试的方法是什么?
5. 试述智能座舱的测试与调试的未来。

参 考 文 献

[1] 李巍,张丽静,王燕芳.车载以太网技术及标准化[J].电信网技术,2016(6):1-5.
[2] 刘德利,孙运玺,谷原野.基于开发思维的功能测试用例设计方法[J].汽车电器,2016(10):55-57.
[3] 王建萍.车载以太网[J].汽车与配件,2015(8):54-58.
[4] 呼布钦,秦贵和,刘颖,等.下一代汽车网络:车载以太网技术现状与发展[J].计算机工程与应用,2016,52(24):29-36.
[5] 林小新.汽车人机交互的前世今生[J].计算机与网络,2018,44(19):42.
[6] 练艺,曾晓辉.智能语音在汽车中的应用[J].无线互联科技,2018,15(23):135-138.
[7] WARSITZ E, HAEB U, M/R. Blind Acoustic Beamforming Based on Generalized Eigenvalue Decomposition[J]. Audio, Speech and Language Processing, IEEE Transactions on,2007,15(5):1529-1539.
[8] 王科攀,高勇.信号相位匹配算法的语音降噪及性能评估[J].声学技术,2010(6):615-619
[9] ZHANG S L, LIU C, JIANG H et al. Feedforward Sequential Memory Networks: A New Structure to Learn Long-term Dependency[J]. Computer Science,2015.
[10] 刘凯.基于深度学习的语音唤醒研究及其应用[D].厦门:厦门大学,2018.
[11] Daniel Jurafsky,James H Martin 自然语言处理综论[M].2版.冯志伟,孙乐,译.北京:电子工业出版社,2018.
[12] 李晓林,张懿,李霖.基于地址语义理解的中文地址识别方法[J].计算机工程与科学,2019,41(3):551-558.
[13] 邱泽宇,屈丹,张连海.基于 WaveNet 的端到端语音合成方法[J].计算机应用,2019,39(5):1325-1329.
[14] 张韬略,蒋瑶瑶.智能汽车个人数据保护——欧盟与德国的探索及启示[J].德国研究,2019,34(4):92-113,151.
[15] 刘金瑞.数据安全范式革新及其立法展开[J].环球法律评论,2021,43(1):5-21.
[16] 许可.自由与安全:数据跨境流动的中国方案[J].环球法律评论,2021,43(1):22-37.
[17] Polelink 北汇信息.智能座舱域控制器功能自动化测试方案[R/OL].[2022-02-11].https://blog.csdn.net/weixin_51954443/article/details/116127740.
[18] Polelink 北汇信息.车载以太网测试:以太网如何测[R/OL].[2020-11-23].https://blog.csdn.net/weixin_51954443/article/details/109770482.
[19] Sigent_思佳科技-车载以太网.车载以太网测试必备工具-多端口 100BASE-T1 Switch-

Media Gateway（BMW 常用工具）[R/OL].[2019-02-08].https://blog.csdn.net/weixin_42734794/article/details/86774158.

[20] 车云网.2020 智能汽车趋势洞察及用户调研报告[R/OL].[2020-03-10].http://www.199it.com/archives/1023497.html.

[21] 科大讯飞.汽车语音交互技术发展趋势综述[EB/OL].[2021-02-08].https://auto.vogel.com.cn/c/2021-02-08/1083018.shtml.

[22] 徐浩.汽车座椅的功能及其发展趋势[EB/OL].[2022-09-21].https://mp.weixin.qq.com/s/wuI36I3Q__bBwkDVanbphg.

[23] 郑泽平,李兵,张强,等.何以应对未来汽车座椅技术竞争？[EB/OL].[2022-09-20].https://mp.weixin.qq.com/s/F7P6HMnV4sw-dOOzAgJTEg.